PAPILLONS ET FLEURS

LIVRE DE COLORIAGE POUR LES ADULTES

MARION VON KUCZKOWSKI

Impressum
Marion von Kuczkowski
Contact: mvk@tmta.de
Website: www.take-me-to-auction.de

ISBN-13:
978-1545237601
ISBN-10:
1545237603

Livre de coloriage pour les adultes - papillons et fleurs

Venez dans l'oasis de la sérénité et soyez la bienvenue dans le monde coloré des papillons éblouissants et des rêves floraux luxuriants.

60 thèmes colorés avec des papillons, en partie cachés dans une mer de fleurs, vous attendant pour laisser vos pensées voler et respirer la vie avec vos peintres.

Allumez un feu d'artifice de couleurs et créez un monde coloré jusqu'à ce que vous perceviez l'odeur des fleurs en plein essor.

Laissez vos pensées dessiner, découvrez votre côté créatif, jouez avec des couleurs joyeuses et créez des chefs-d'œuvre qui ravissent vos sens.

Les livres pour colorier pour les adultes vous aident à vous détendre et à susciter plus de sérénité dans la vie quotidienne - essayez-le!

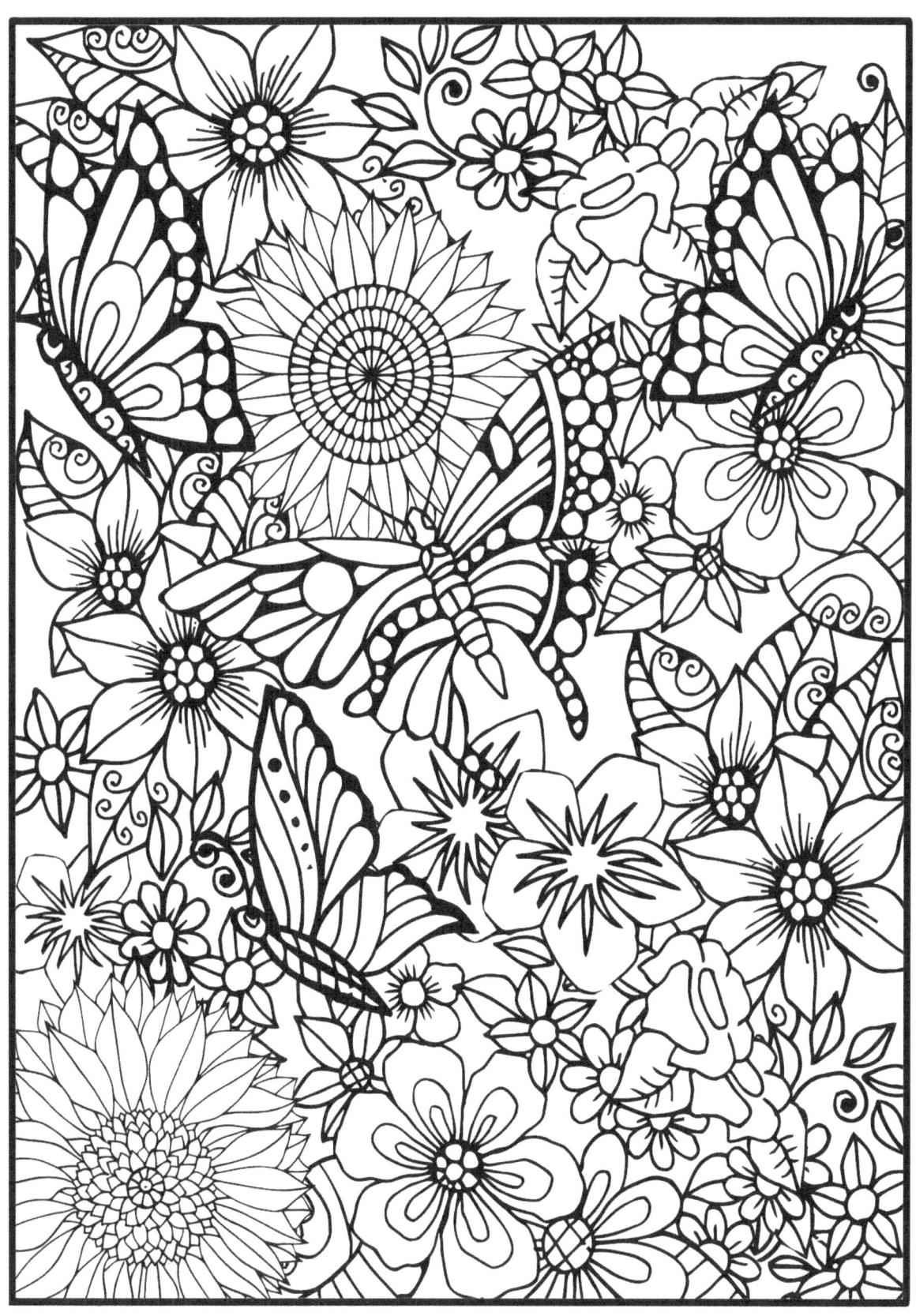

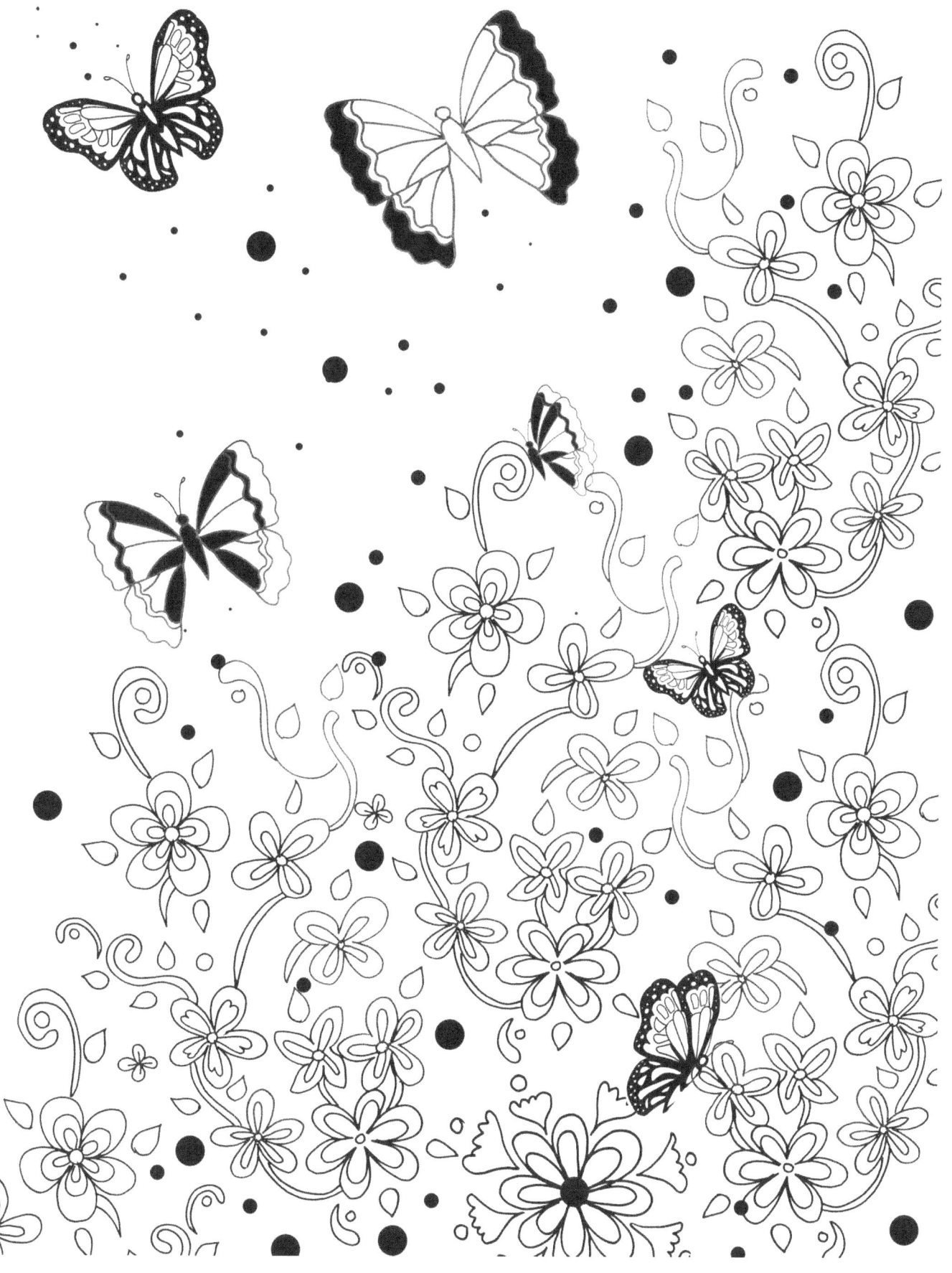

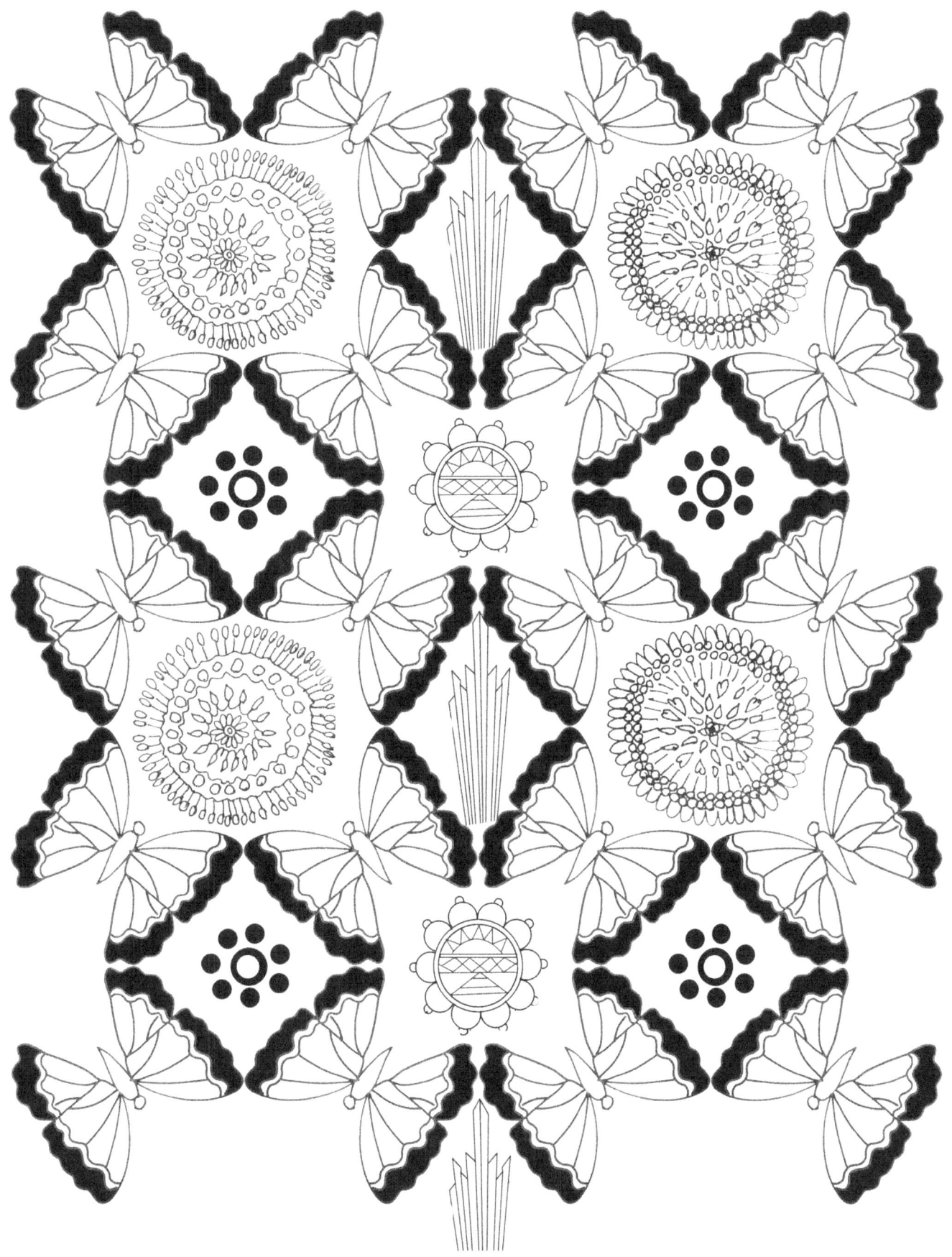

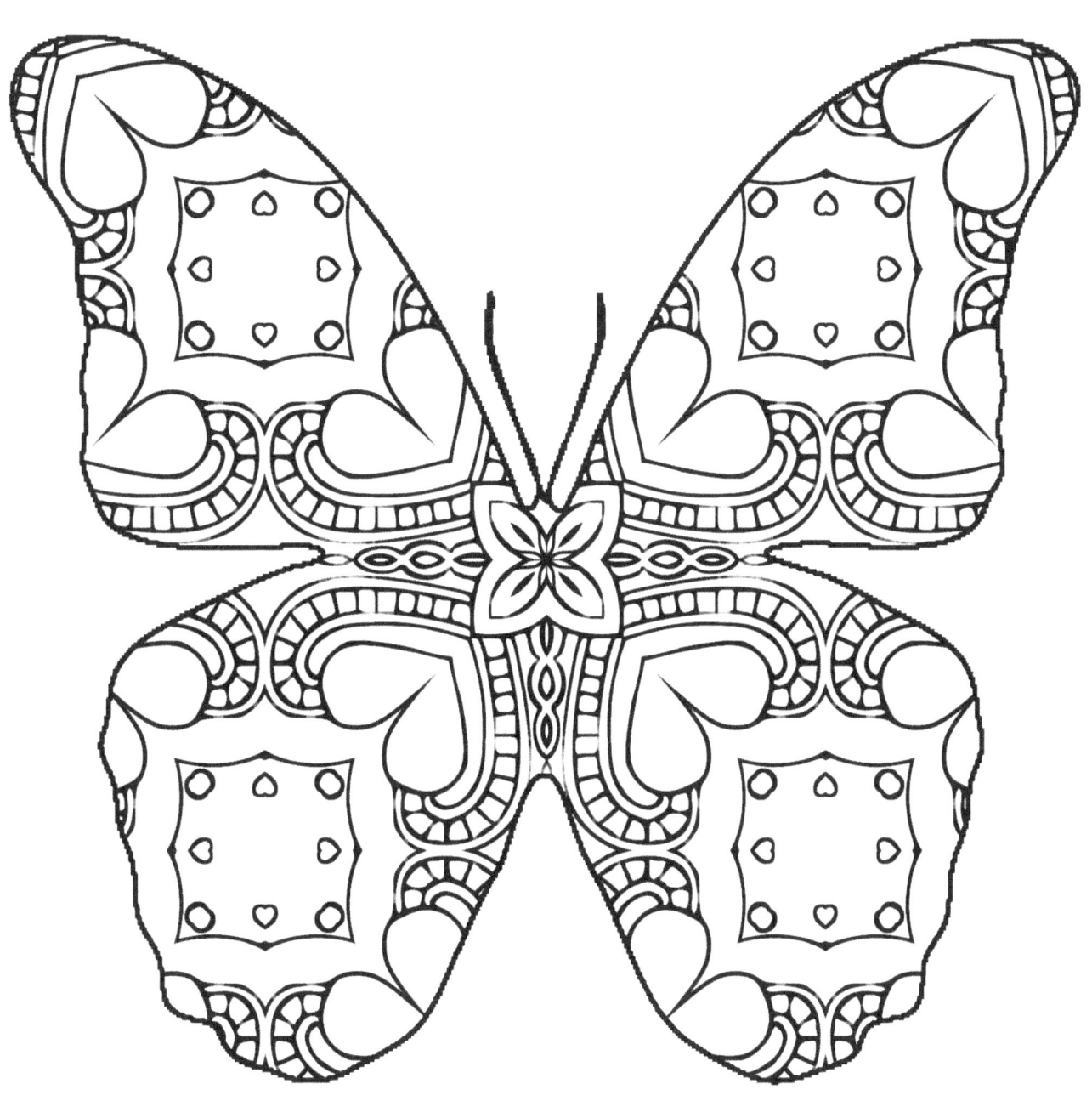

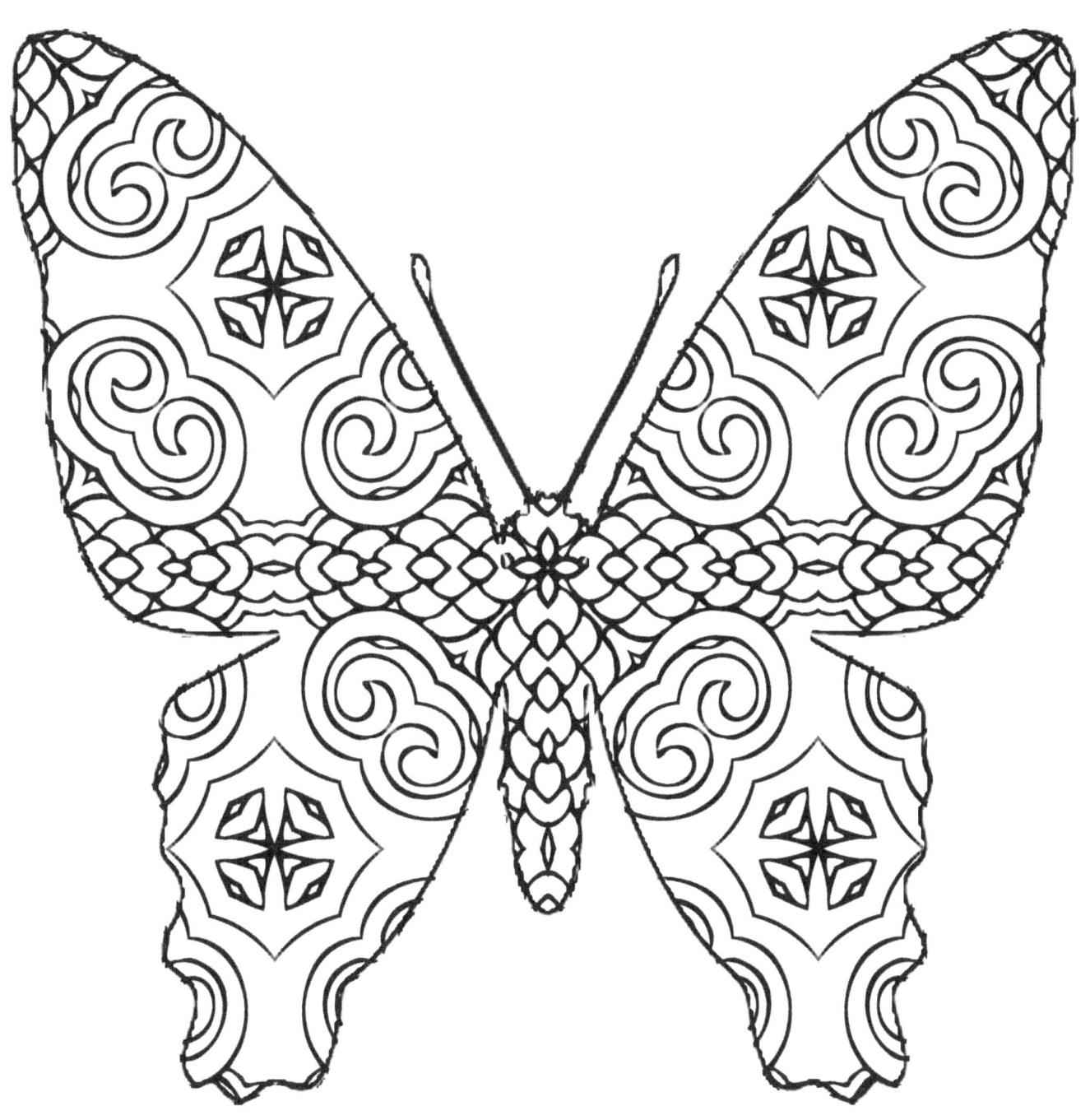

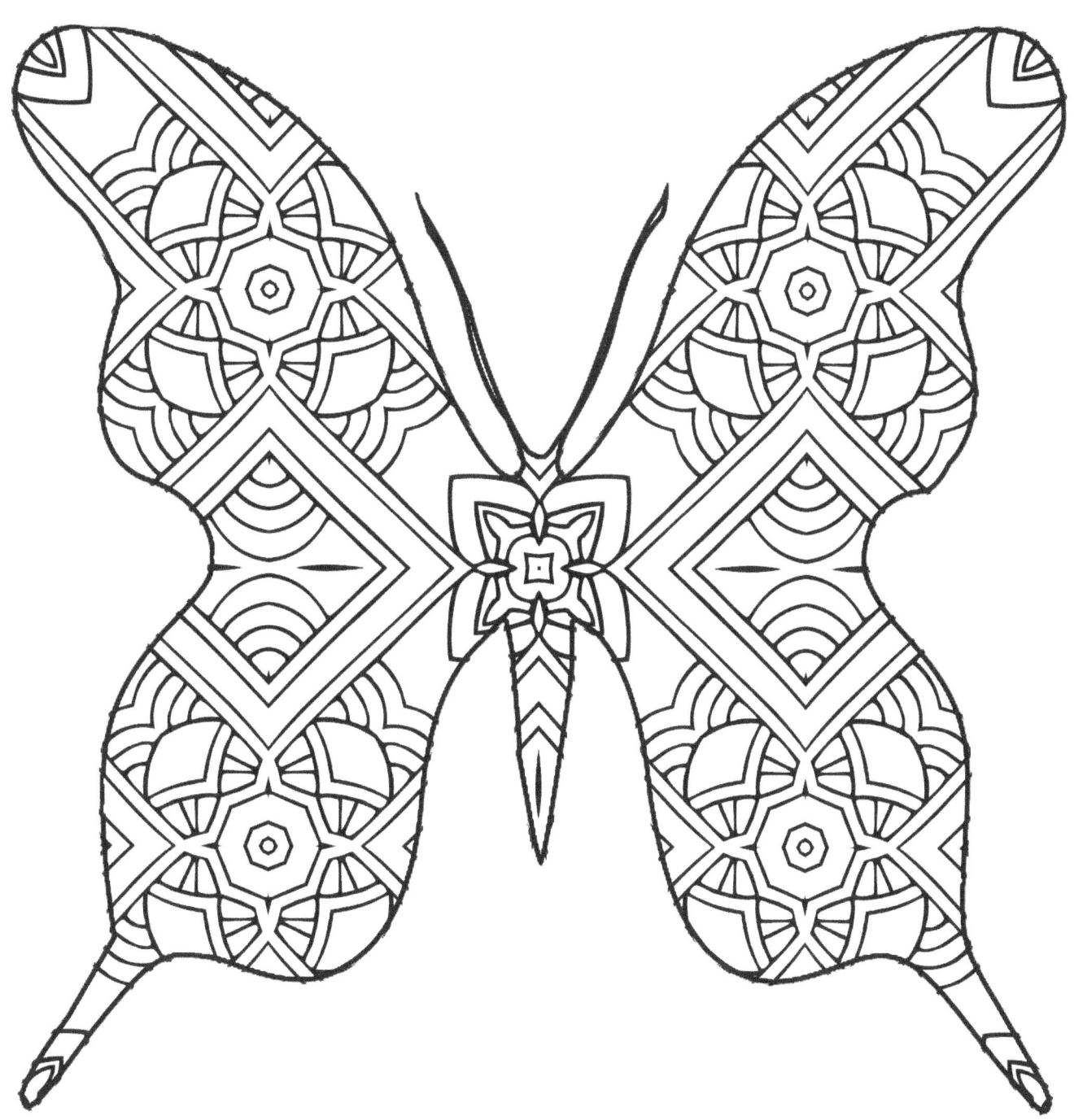

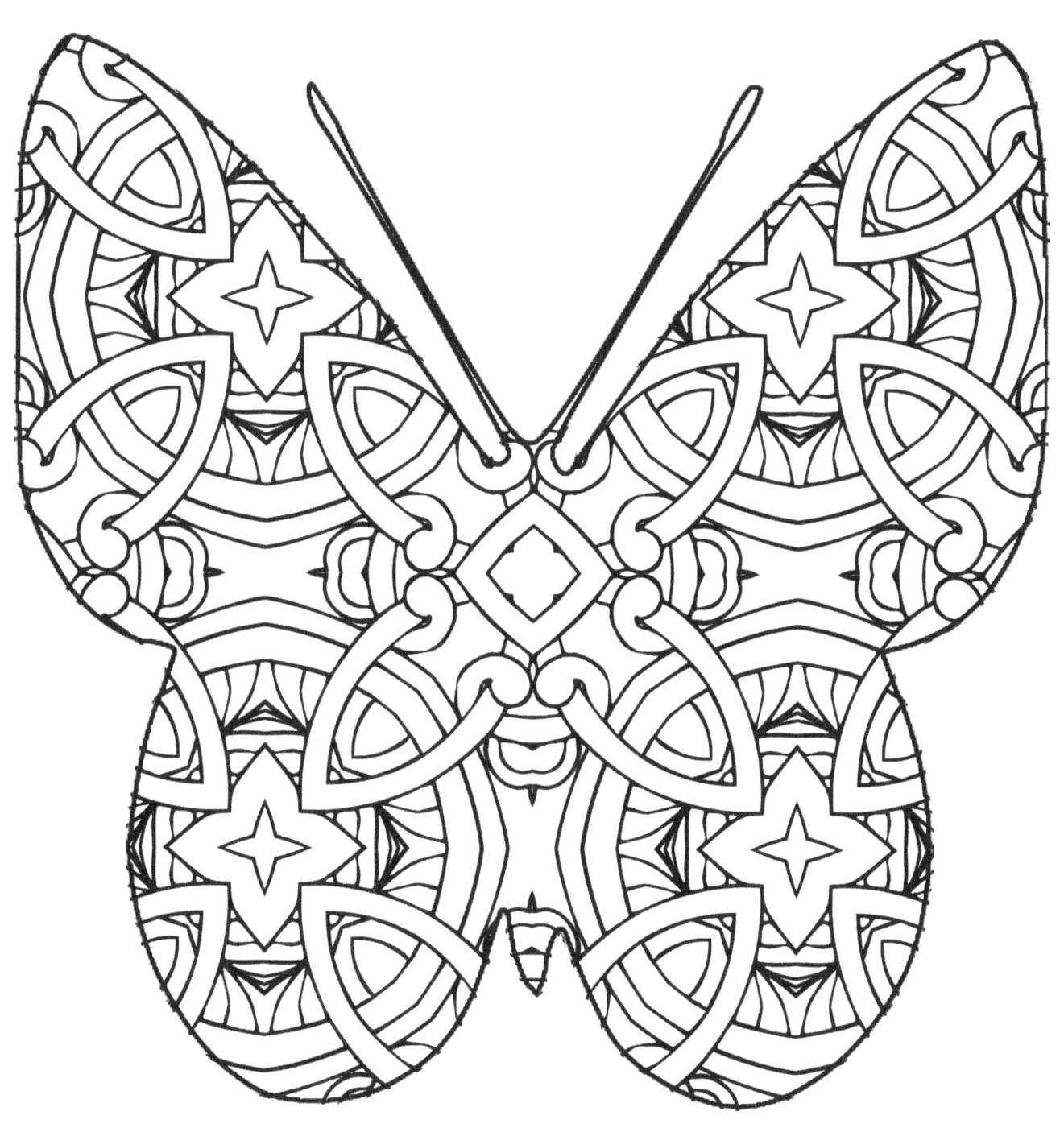

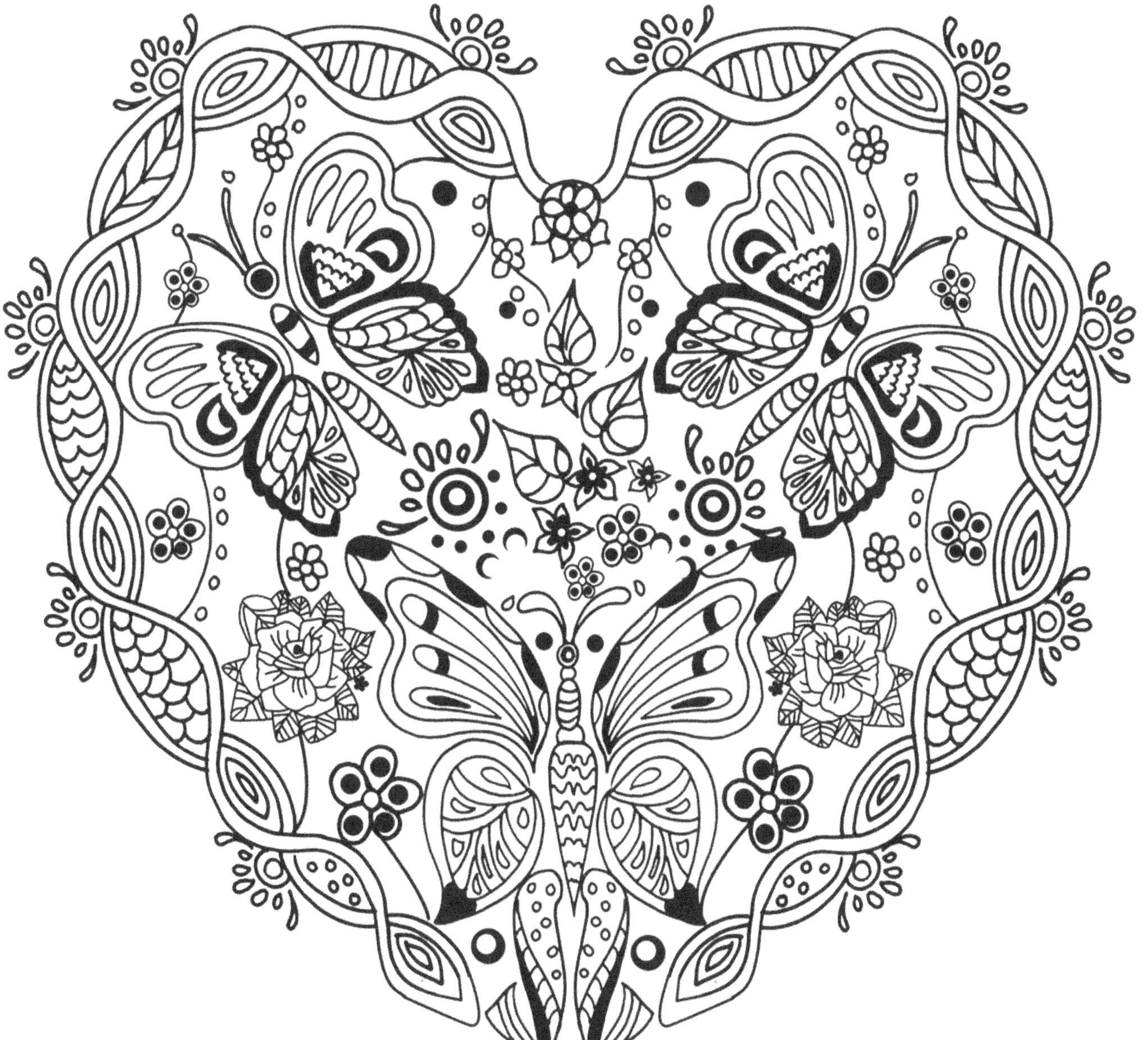

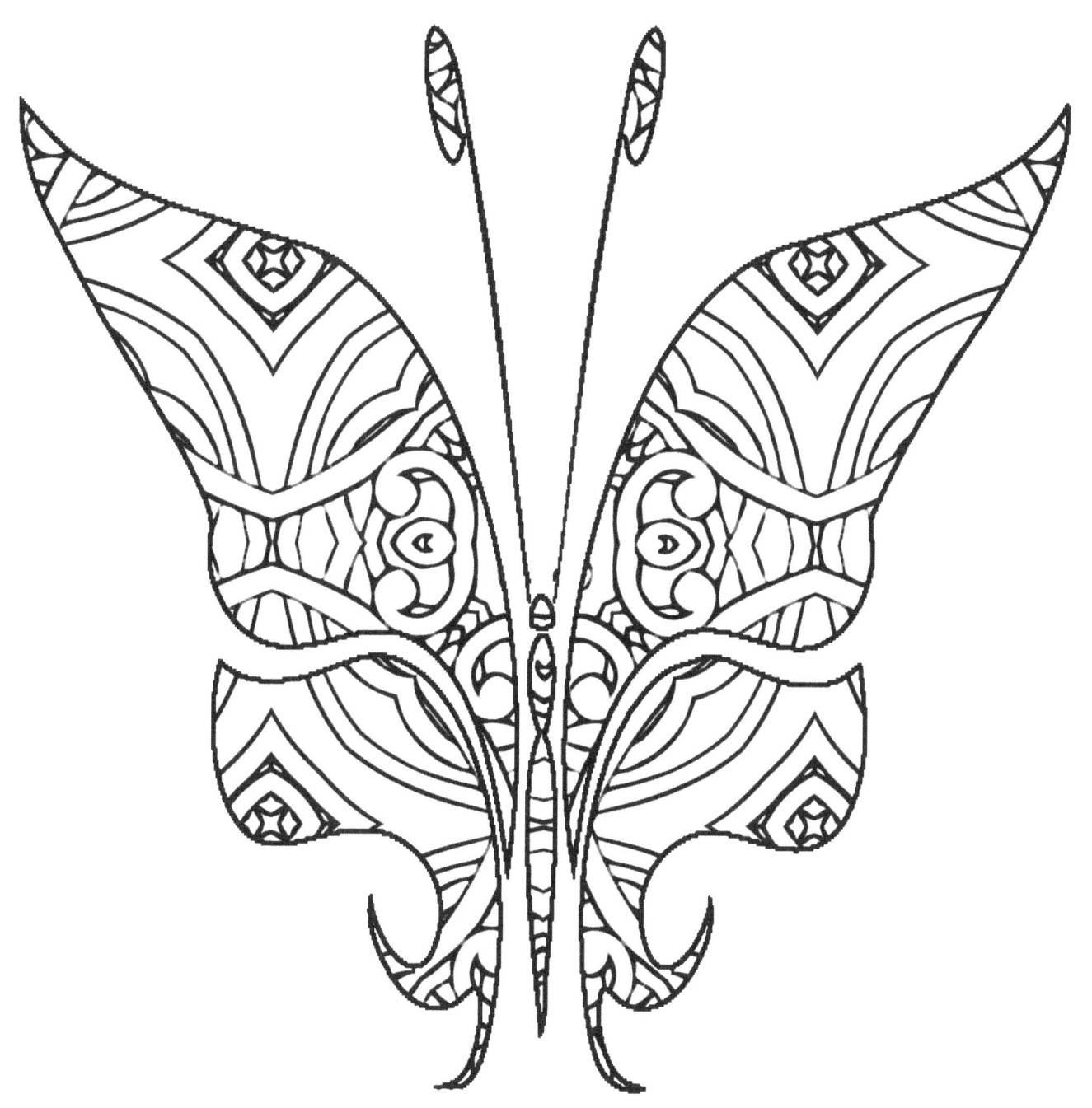

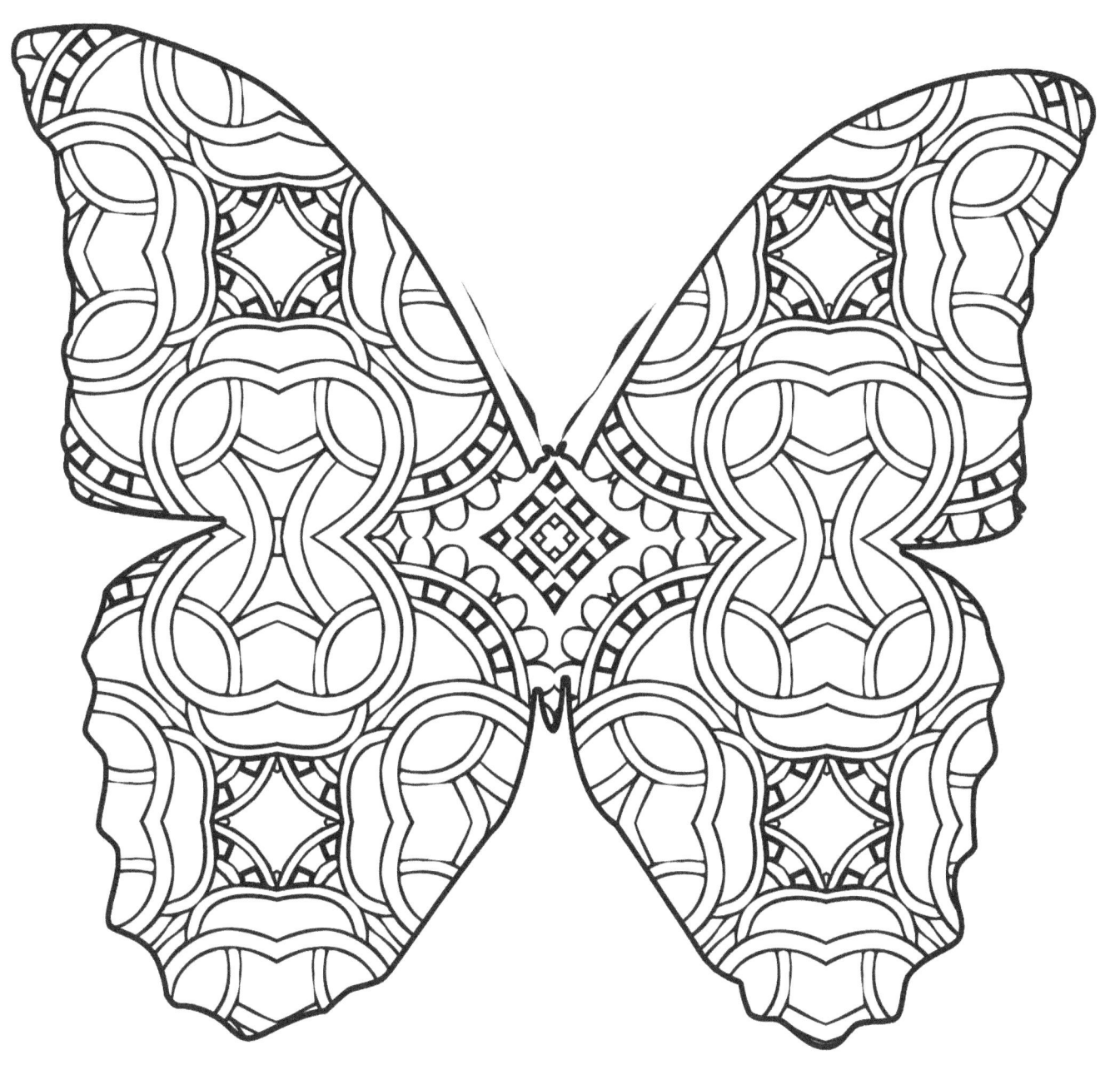

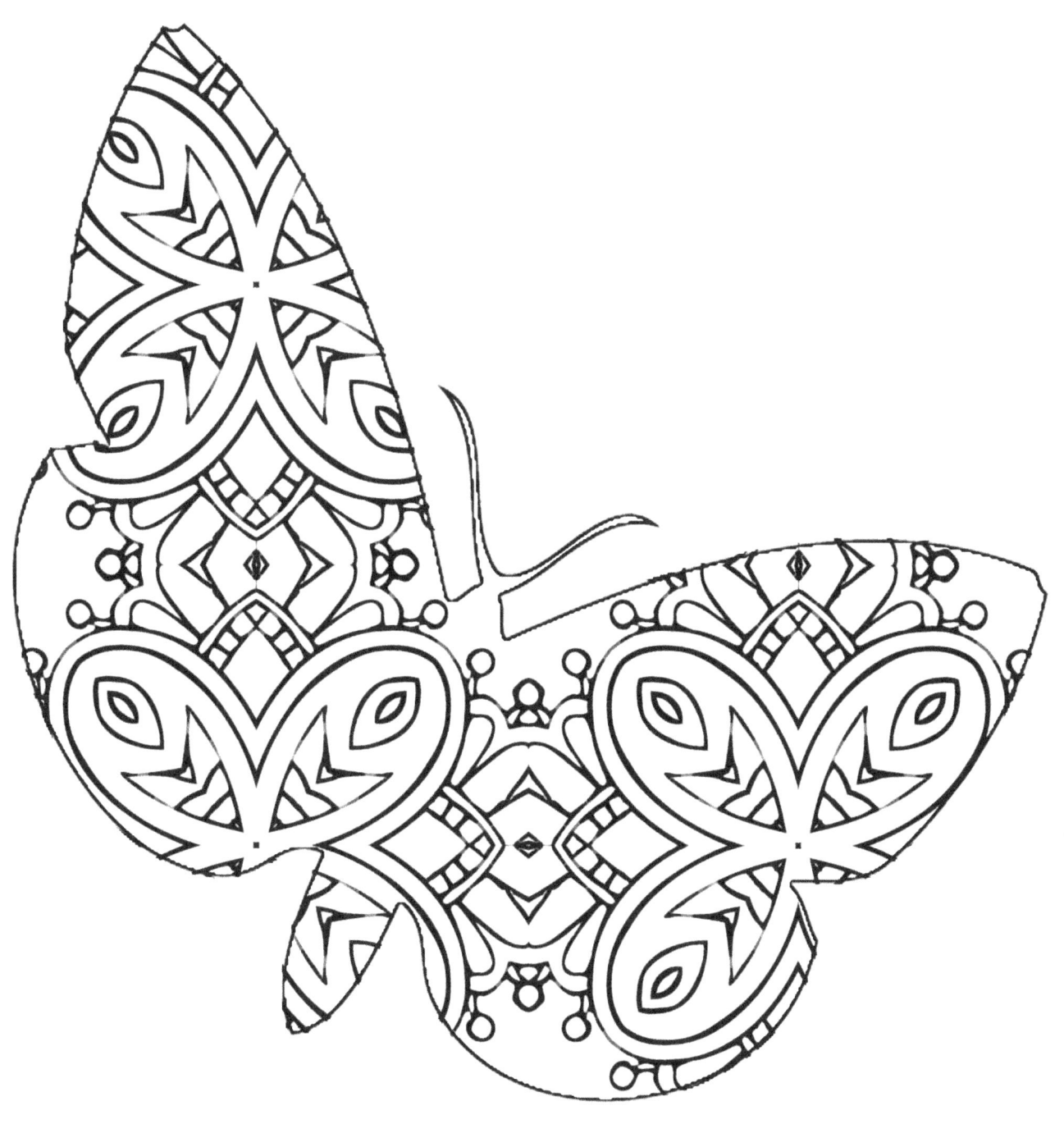

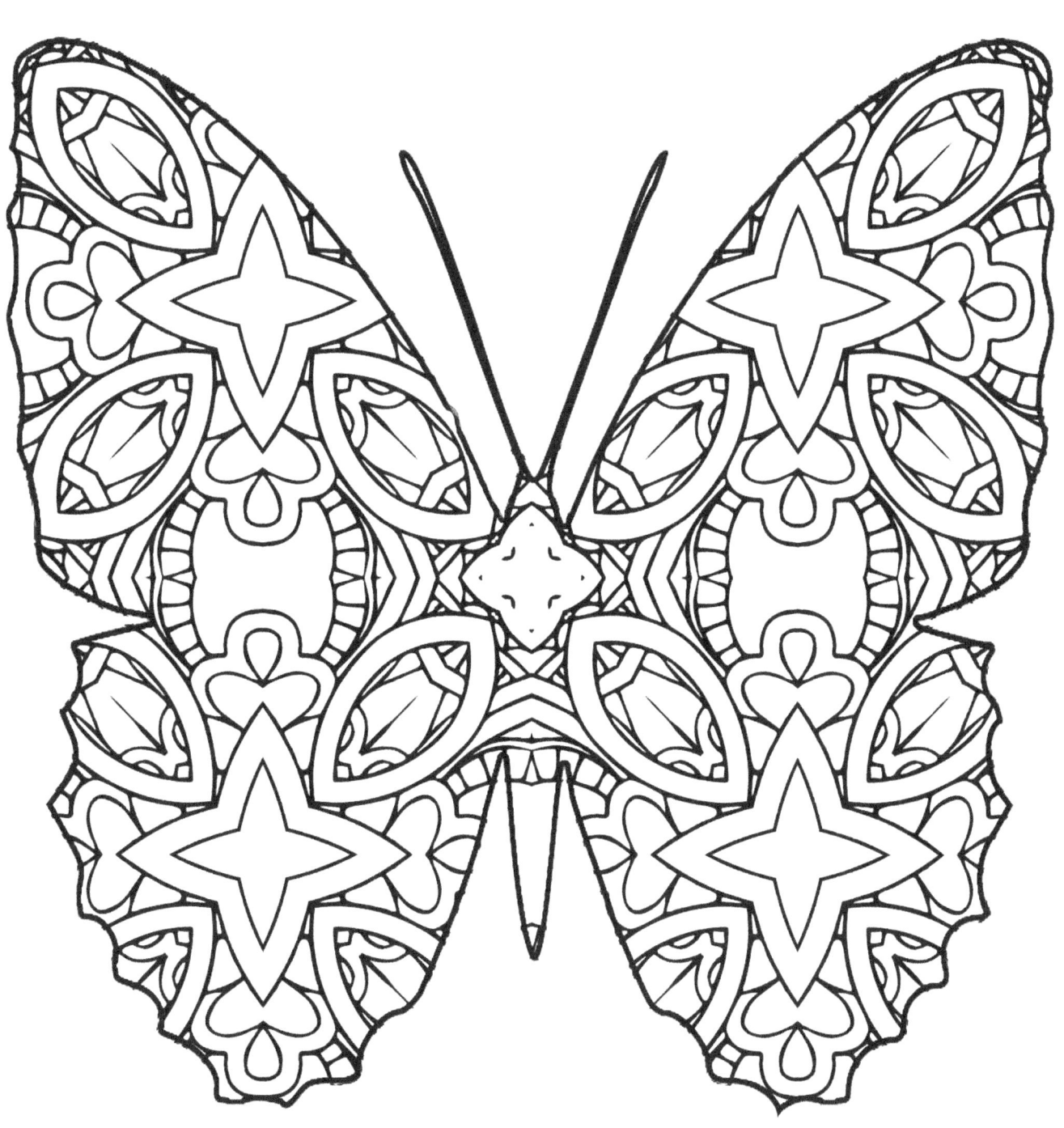

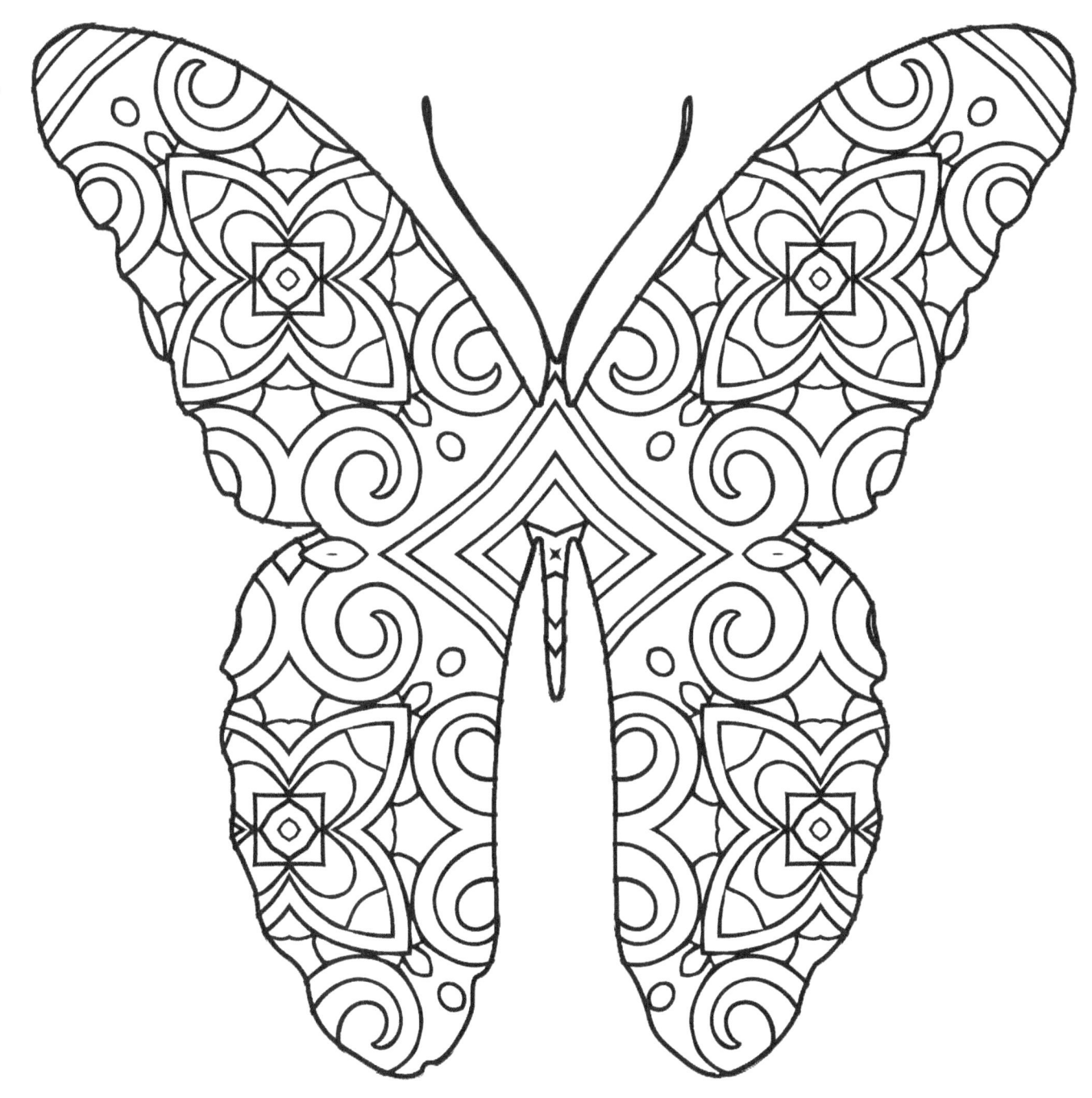

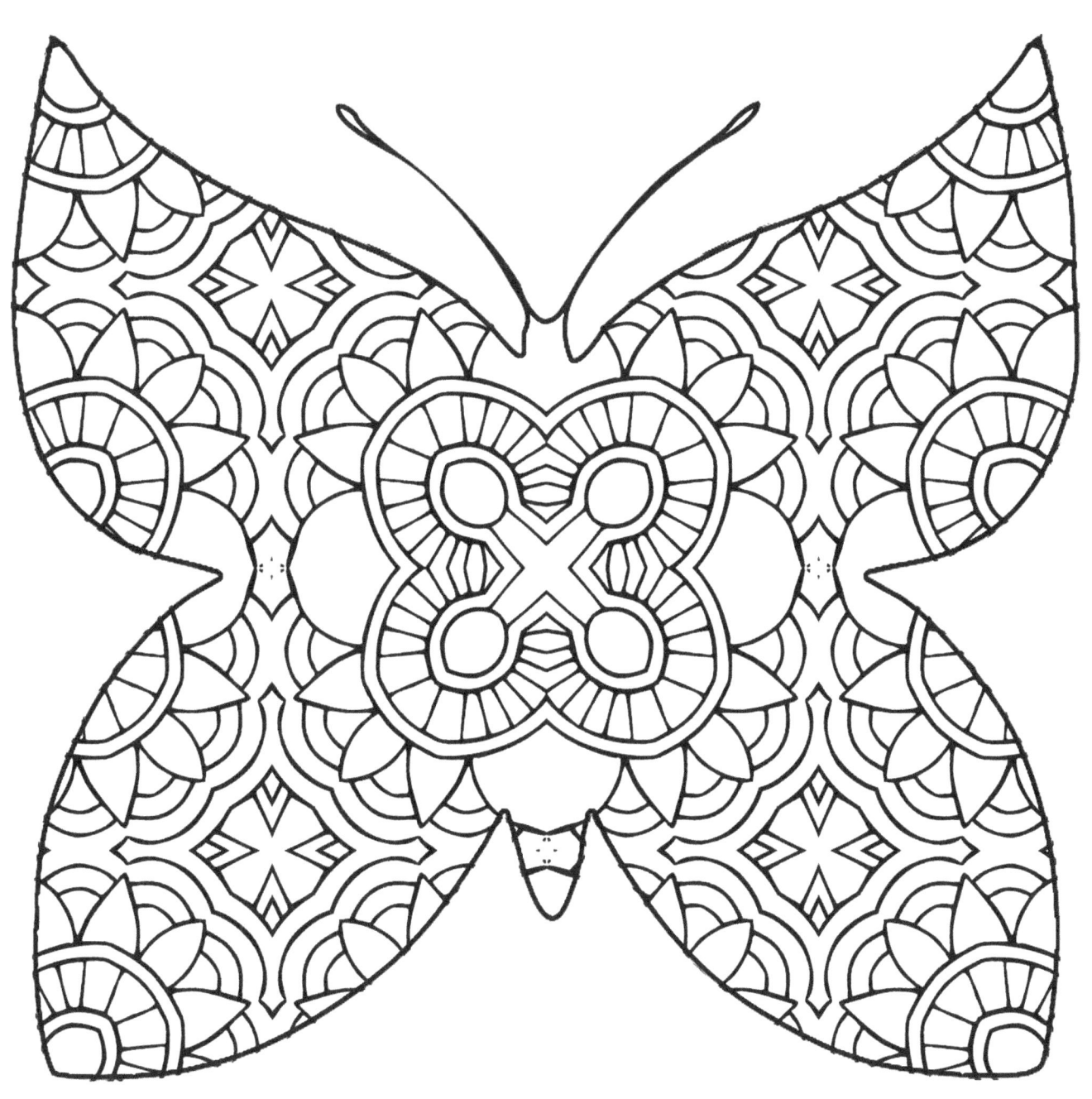

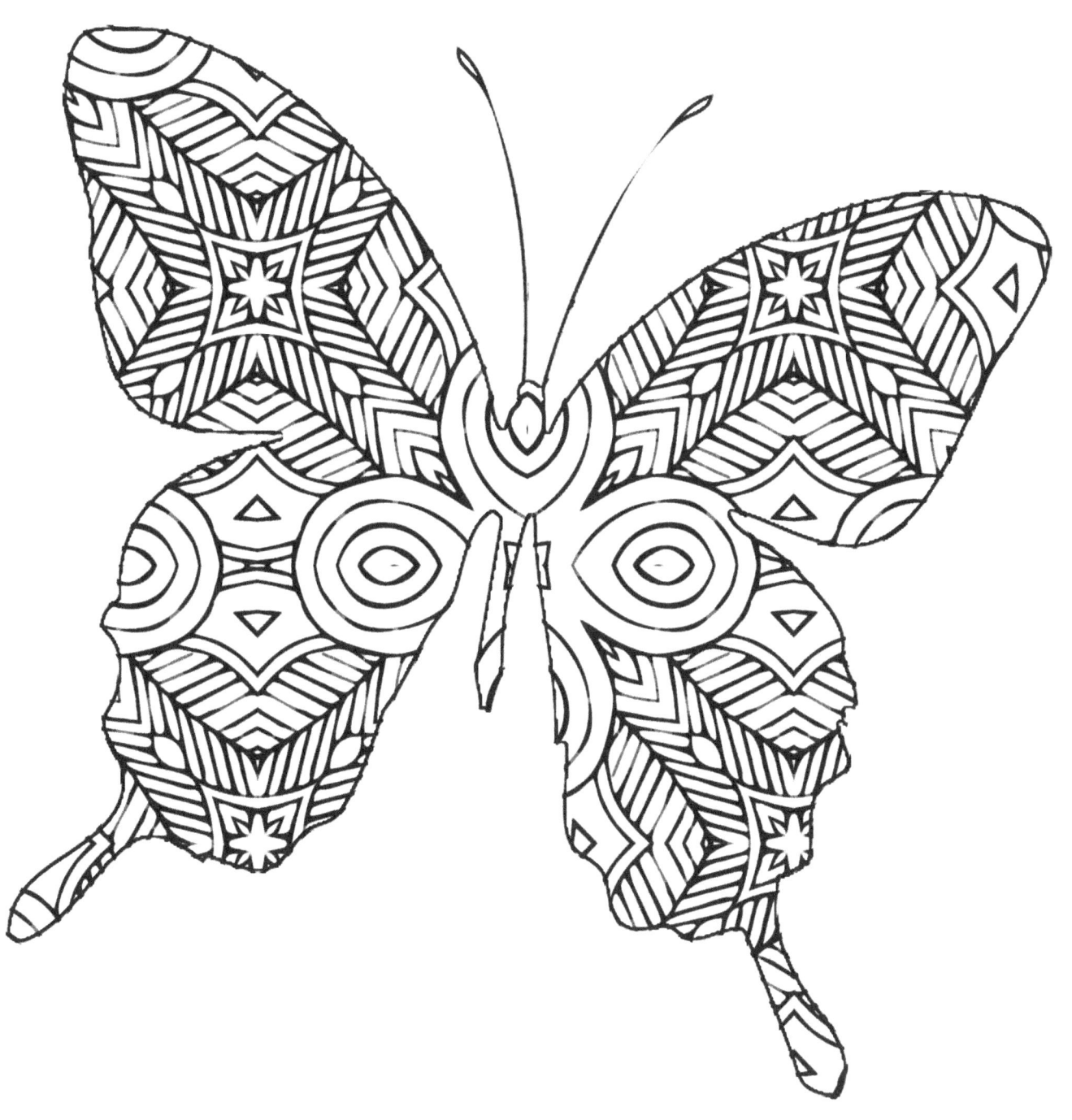

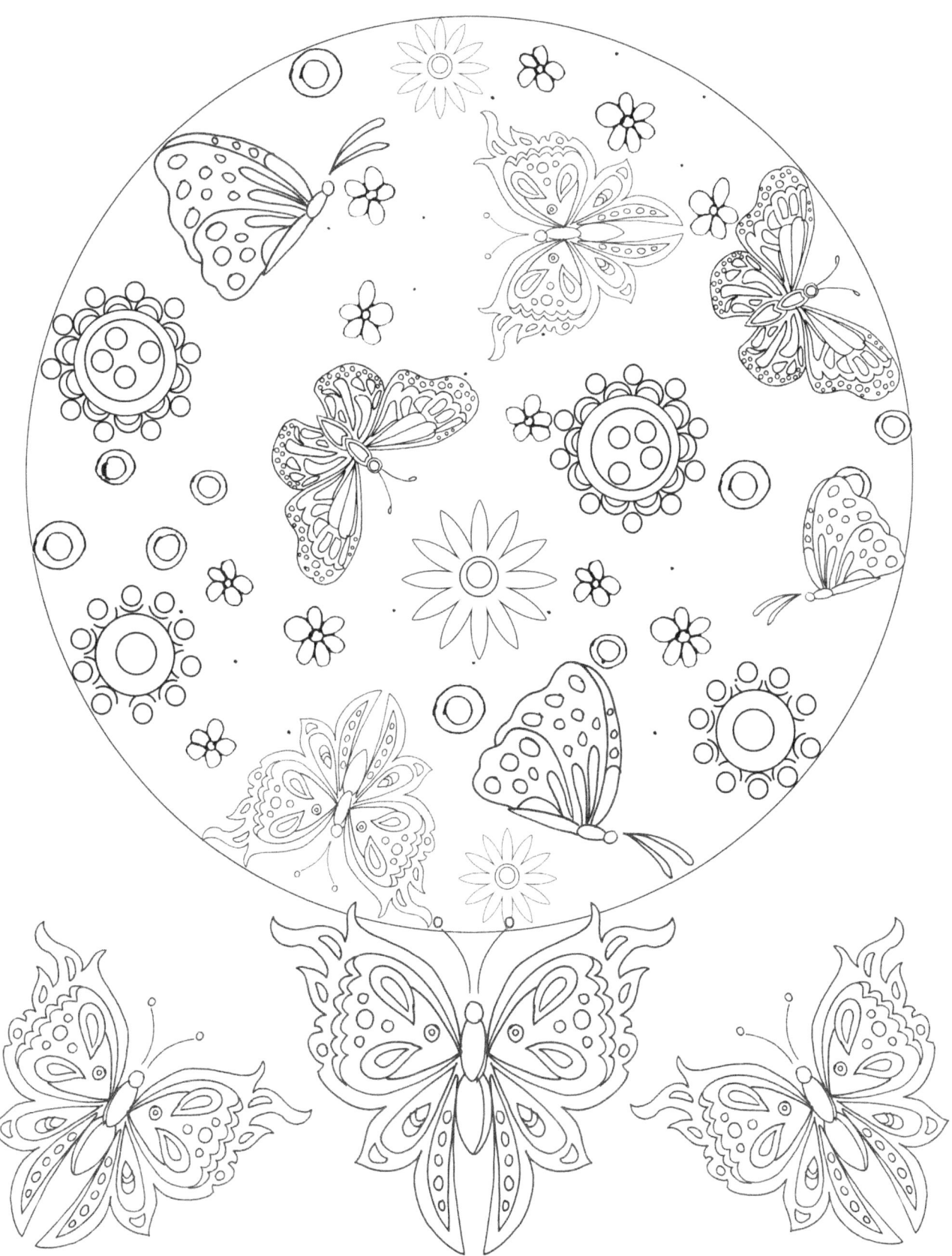

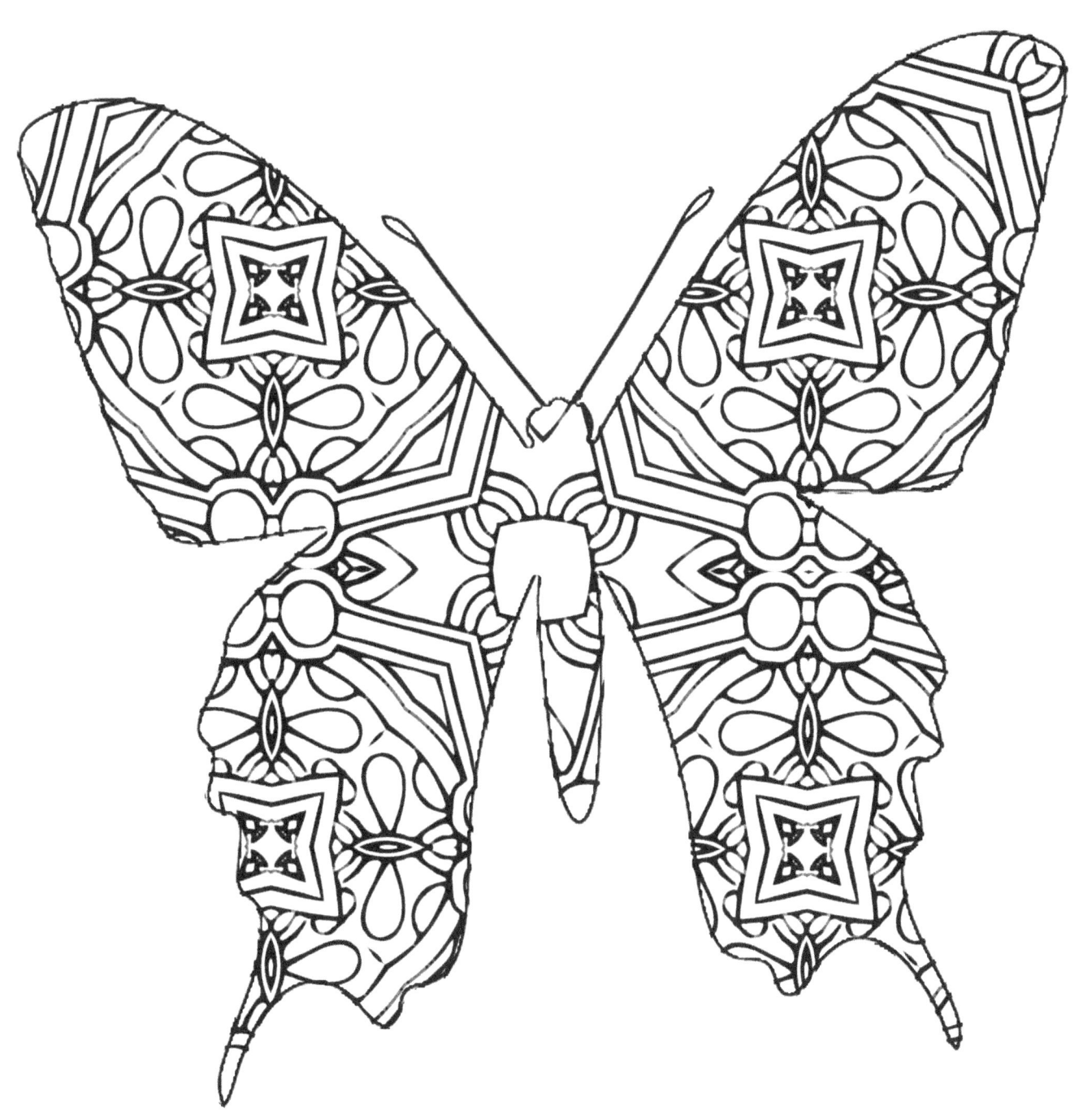

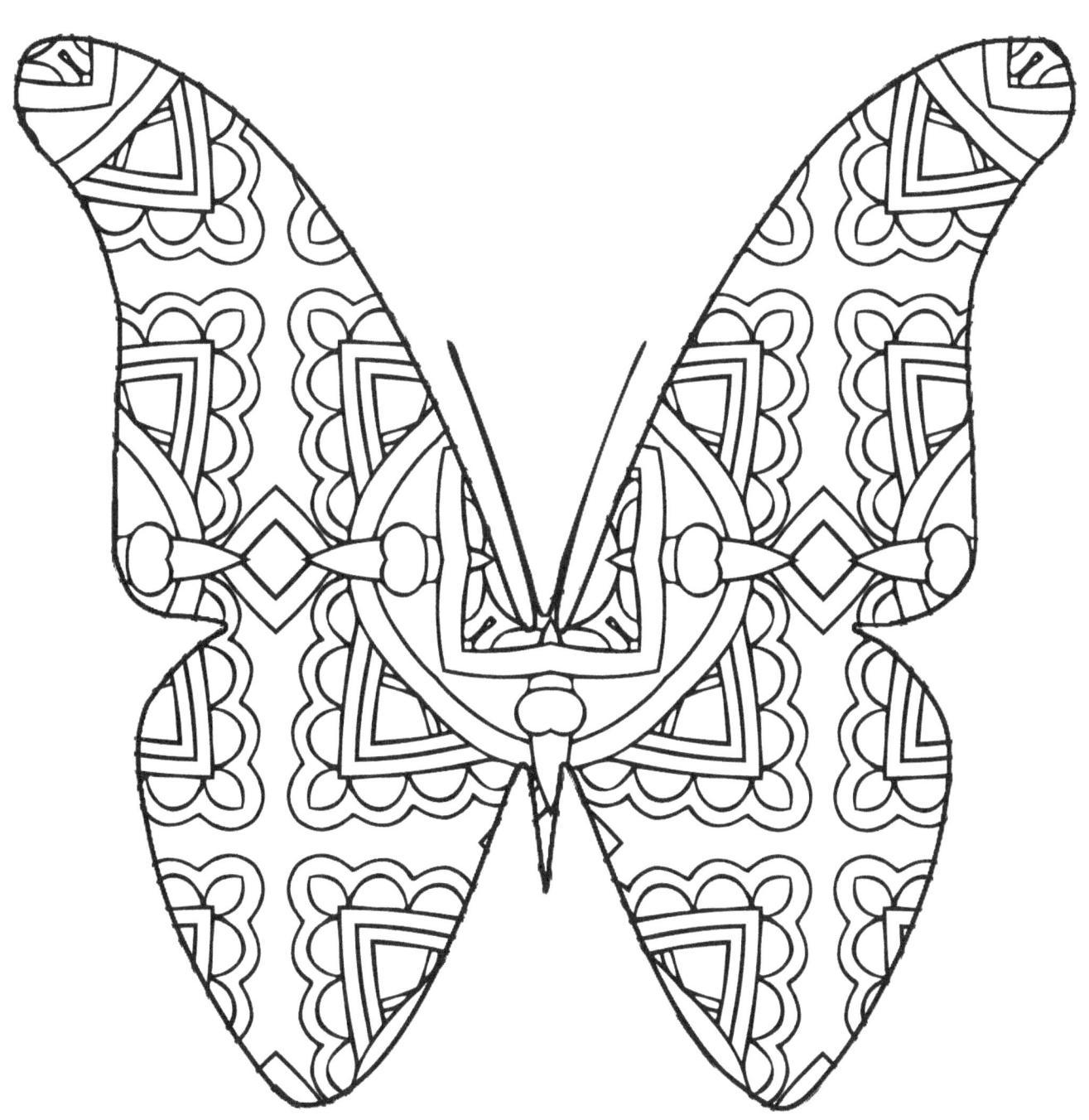

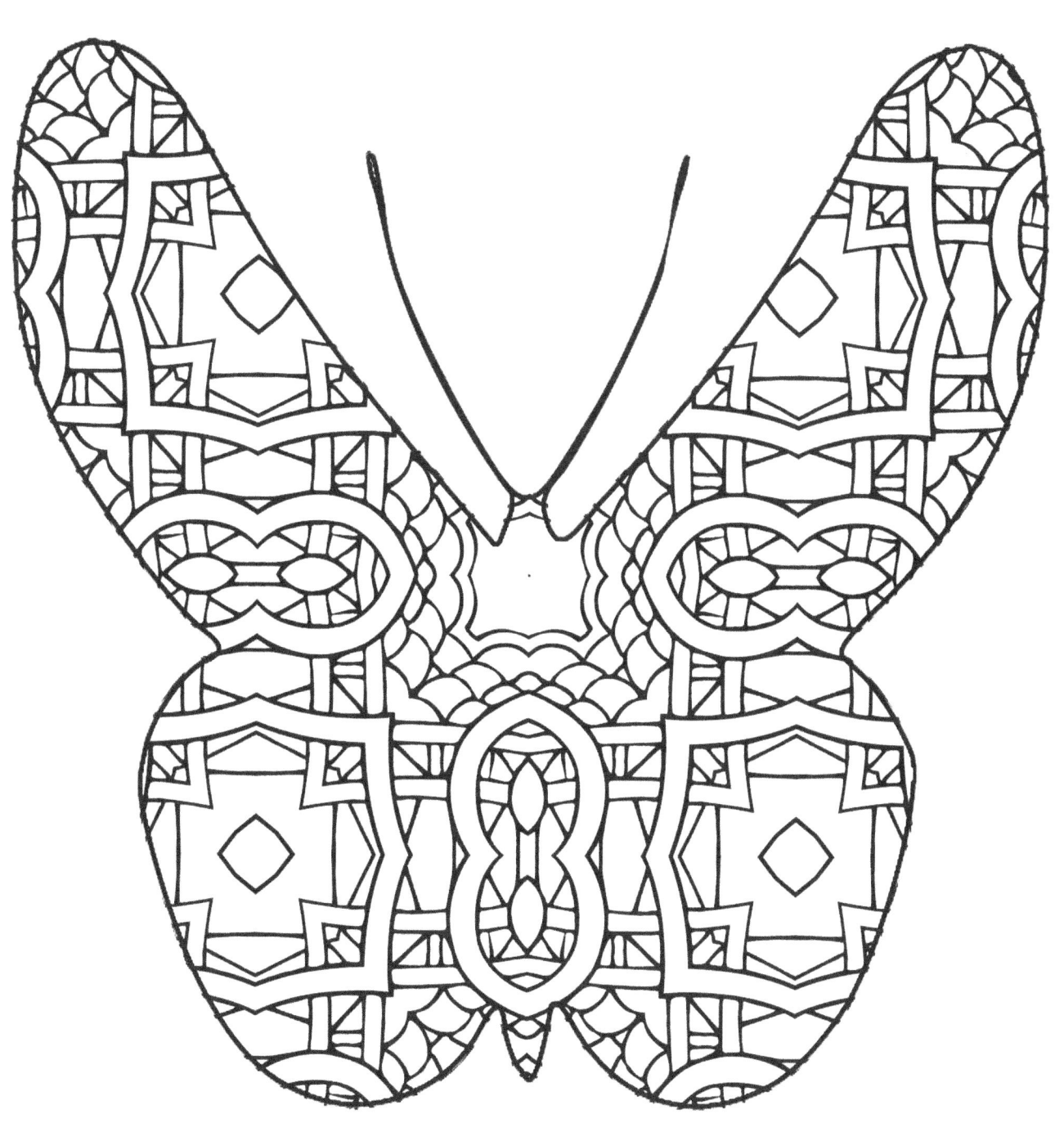

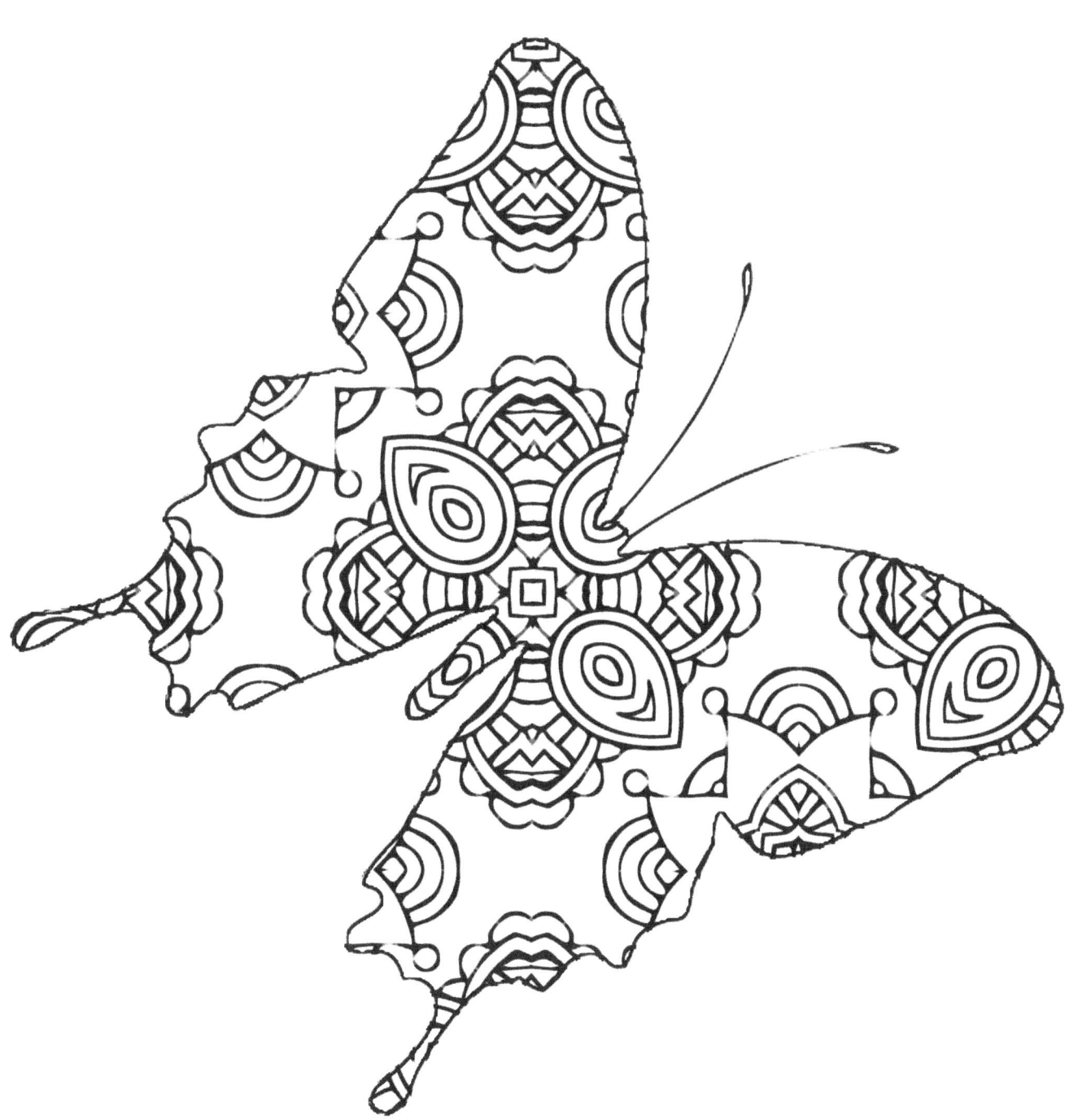

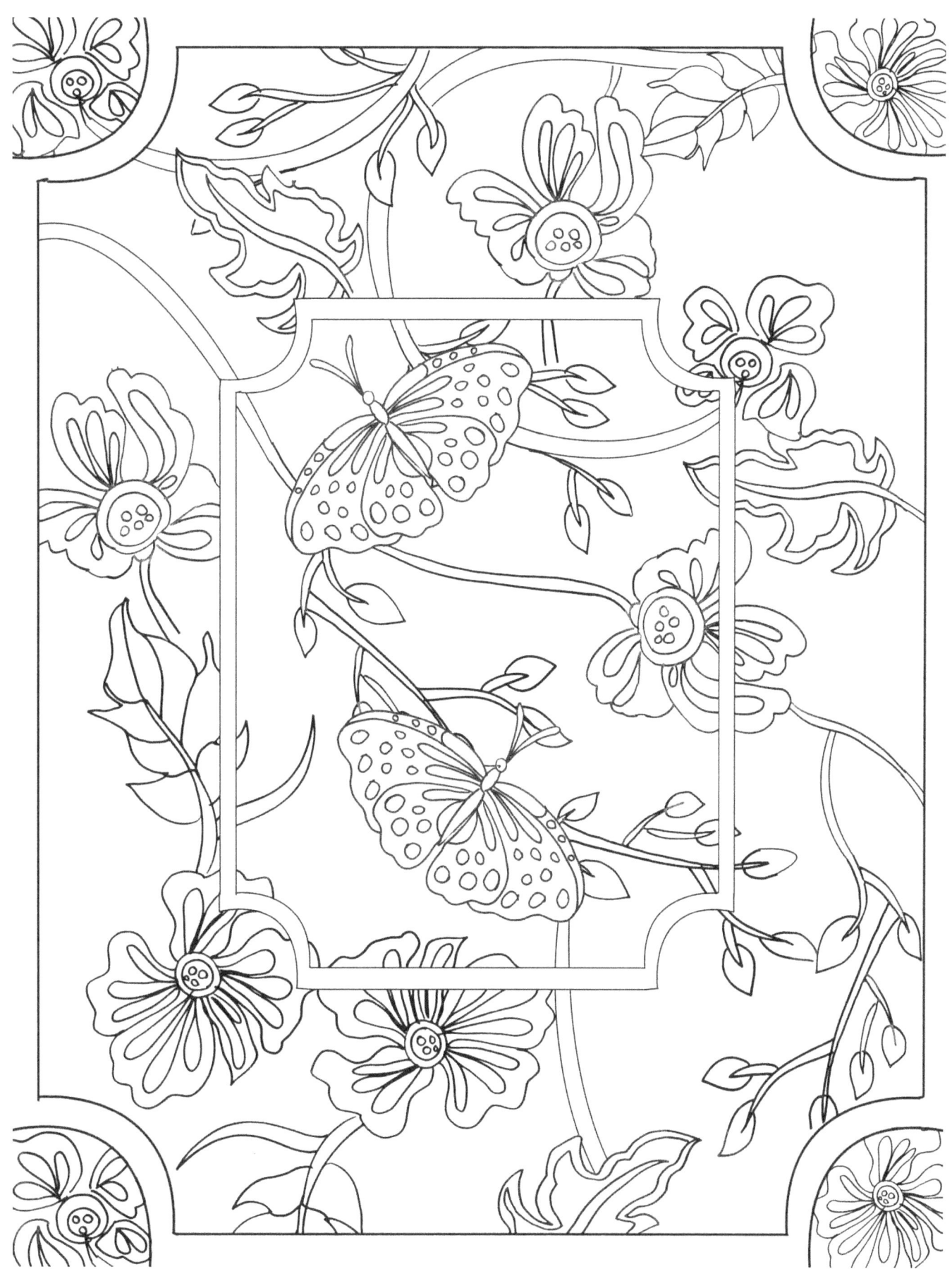

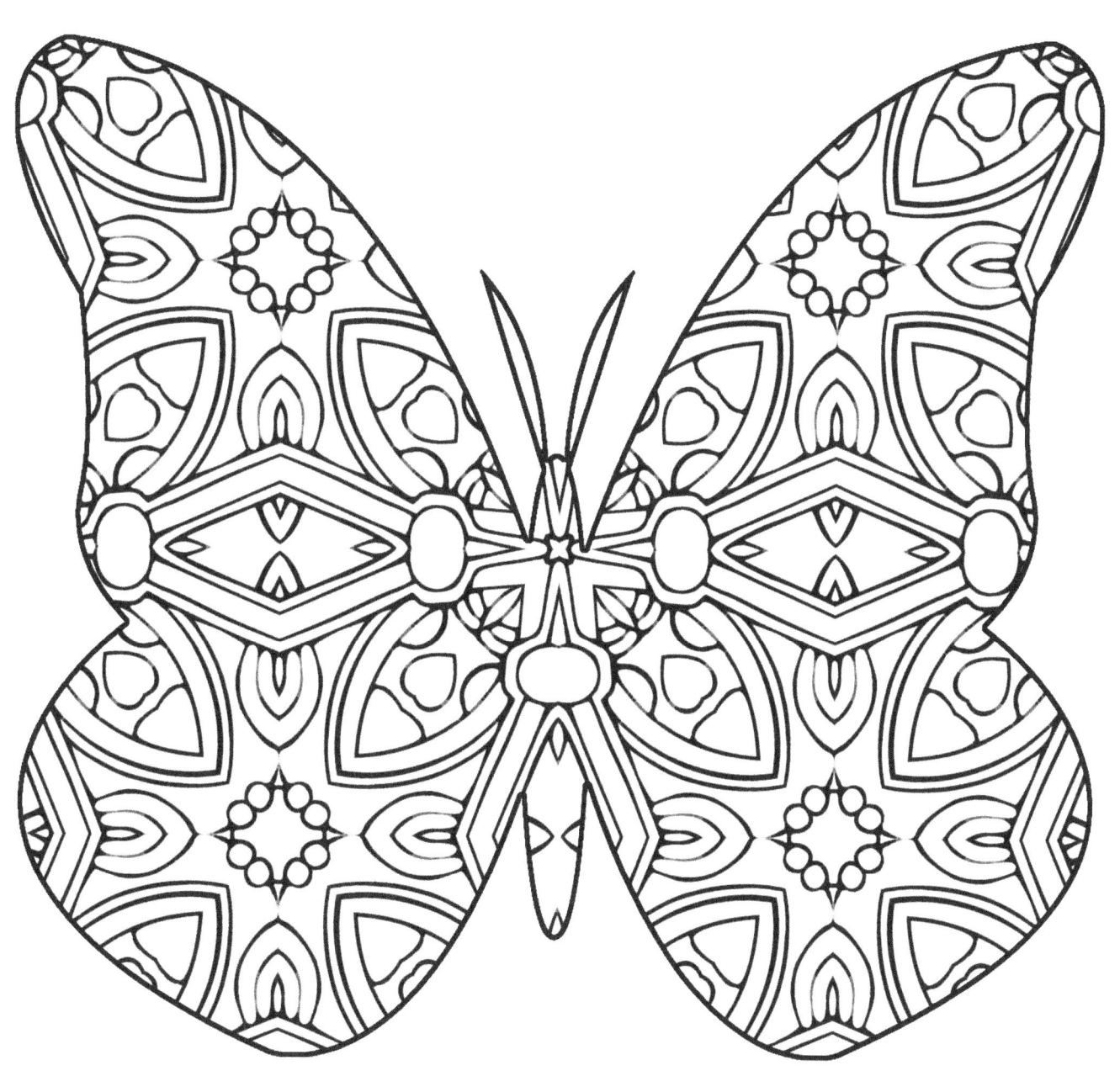

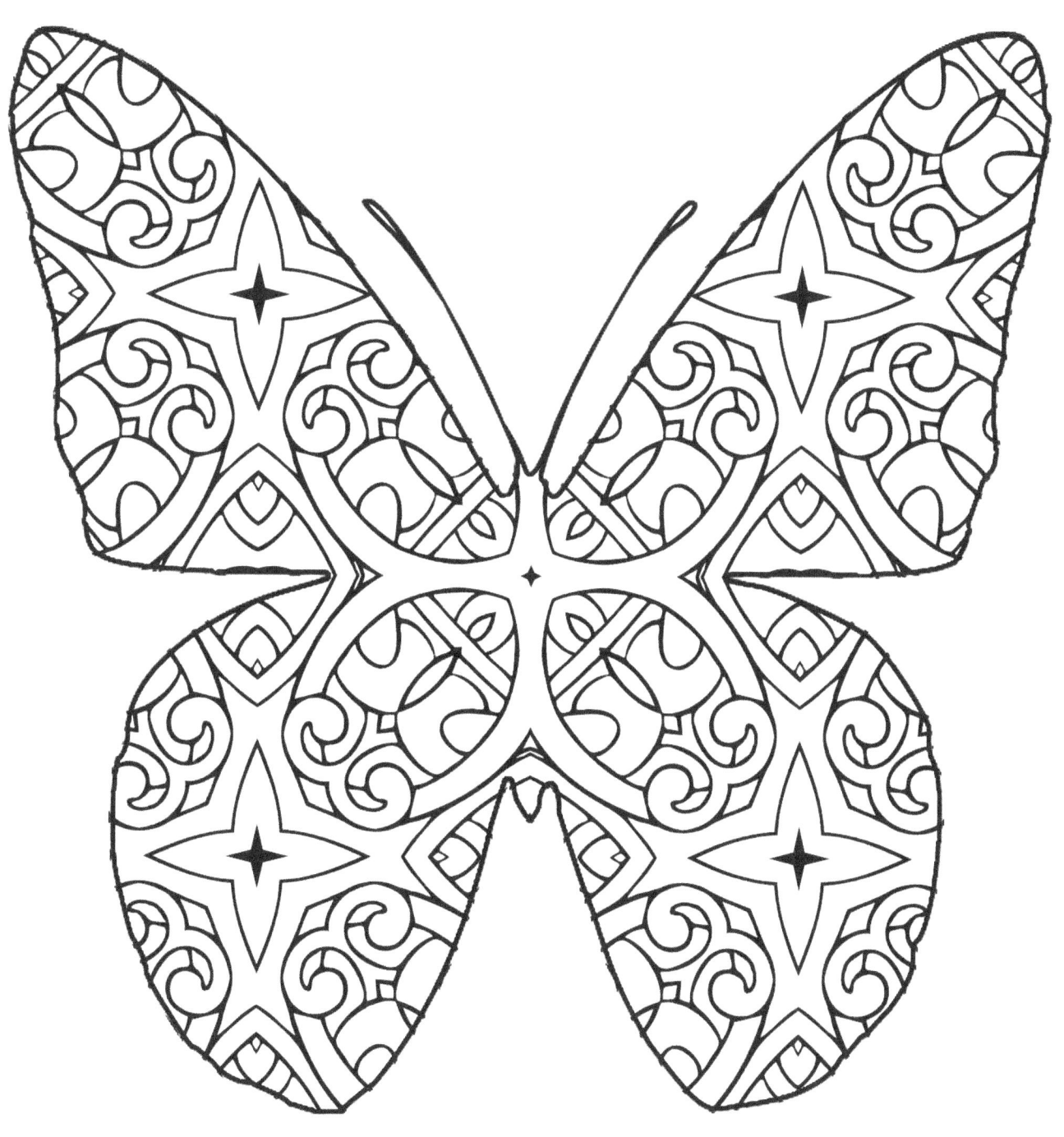

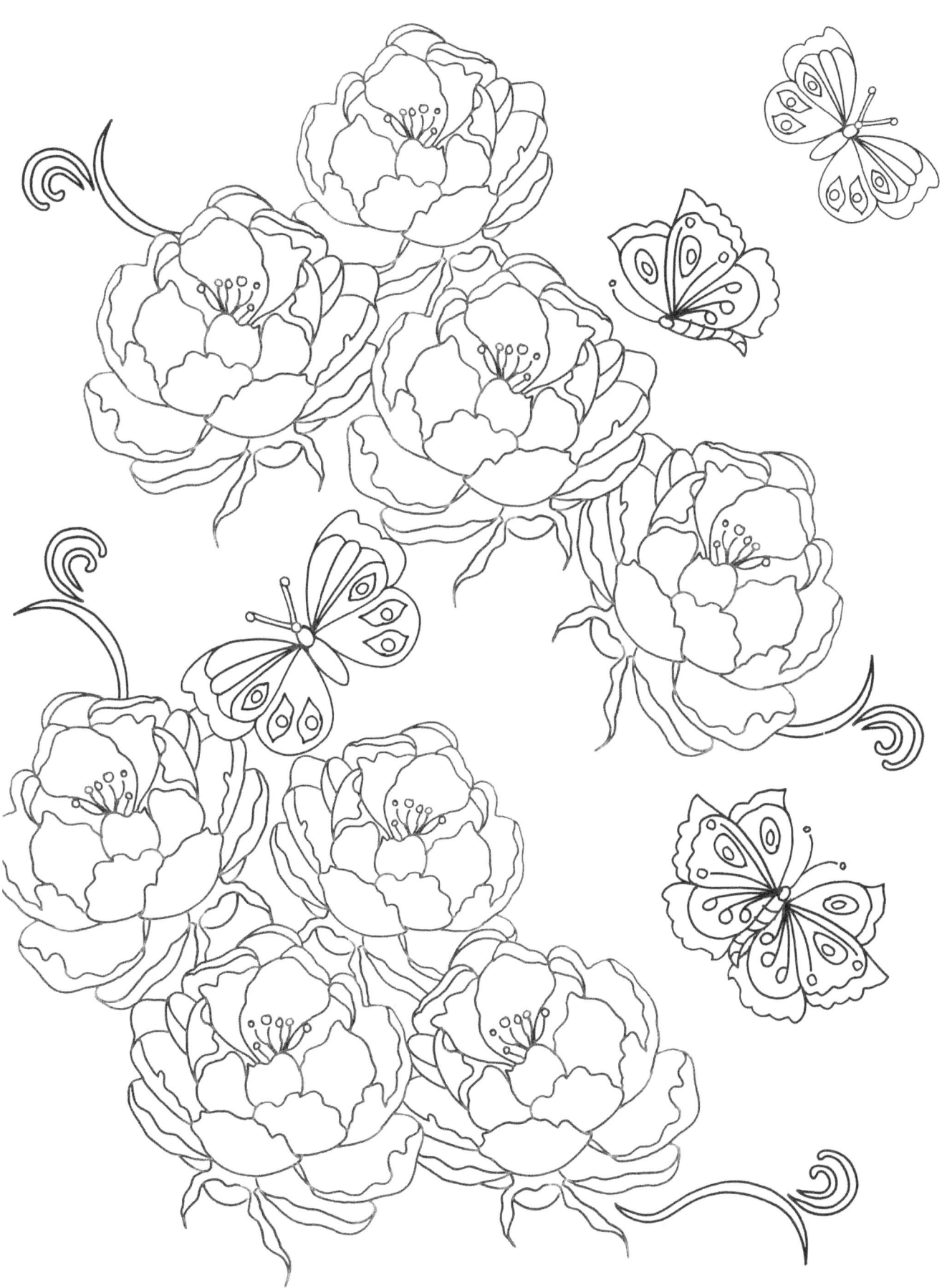

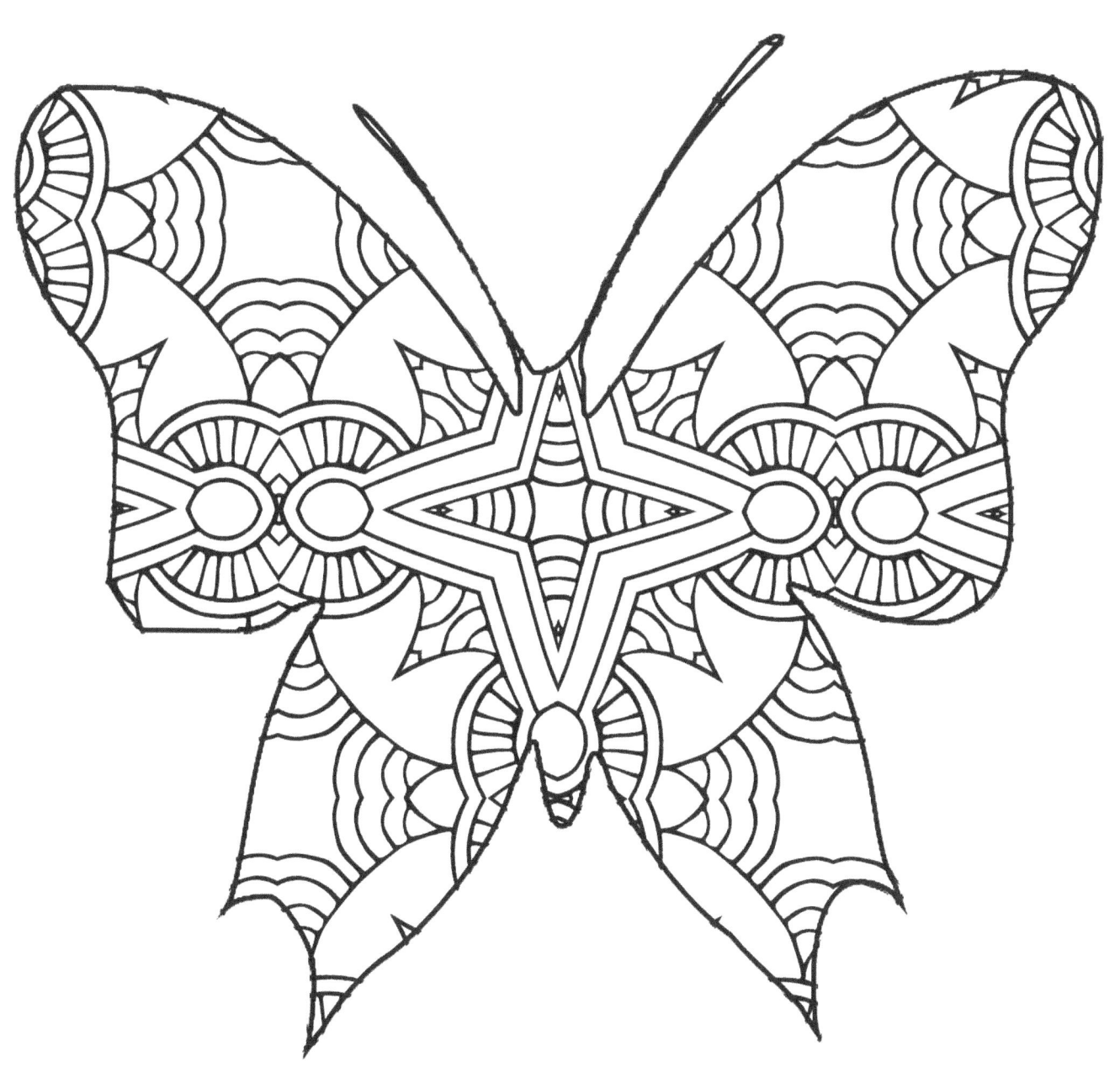

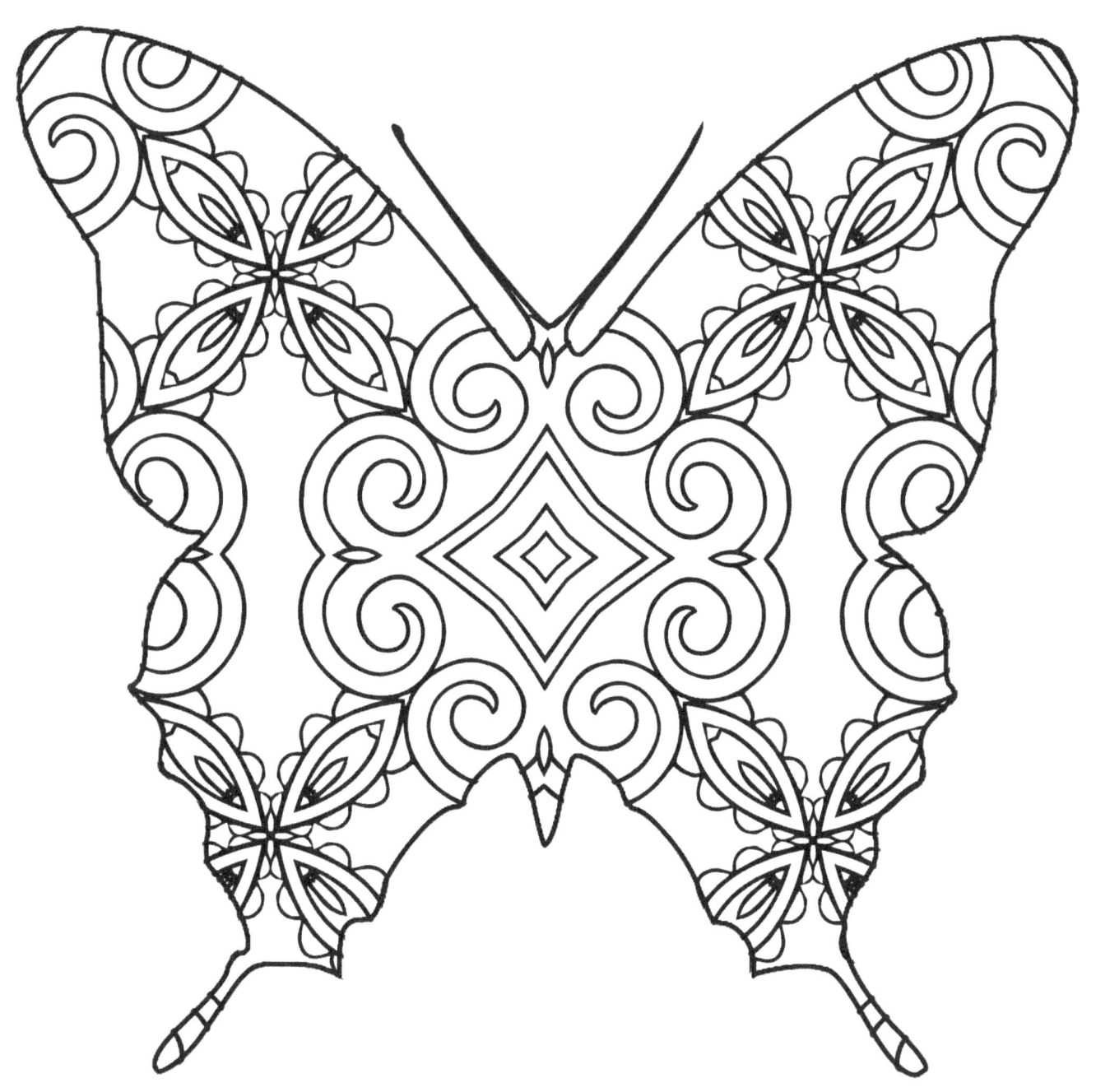

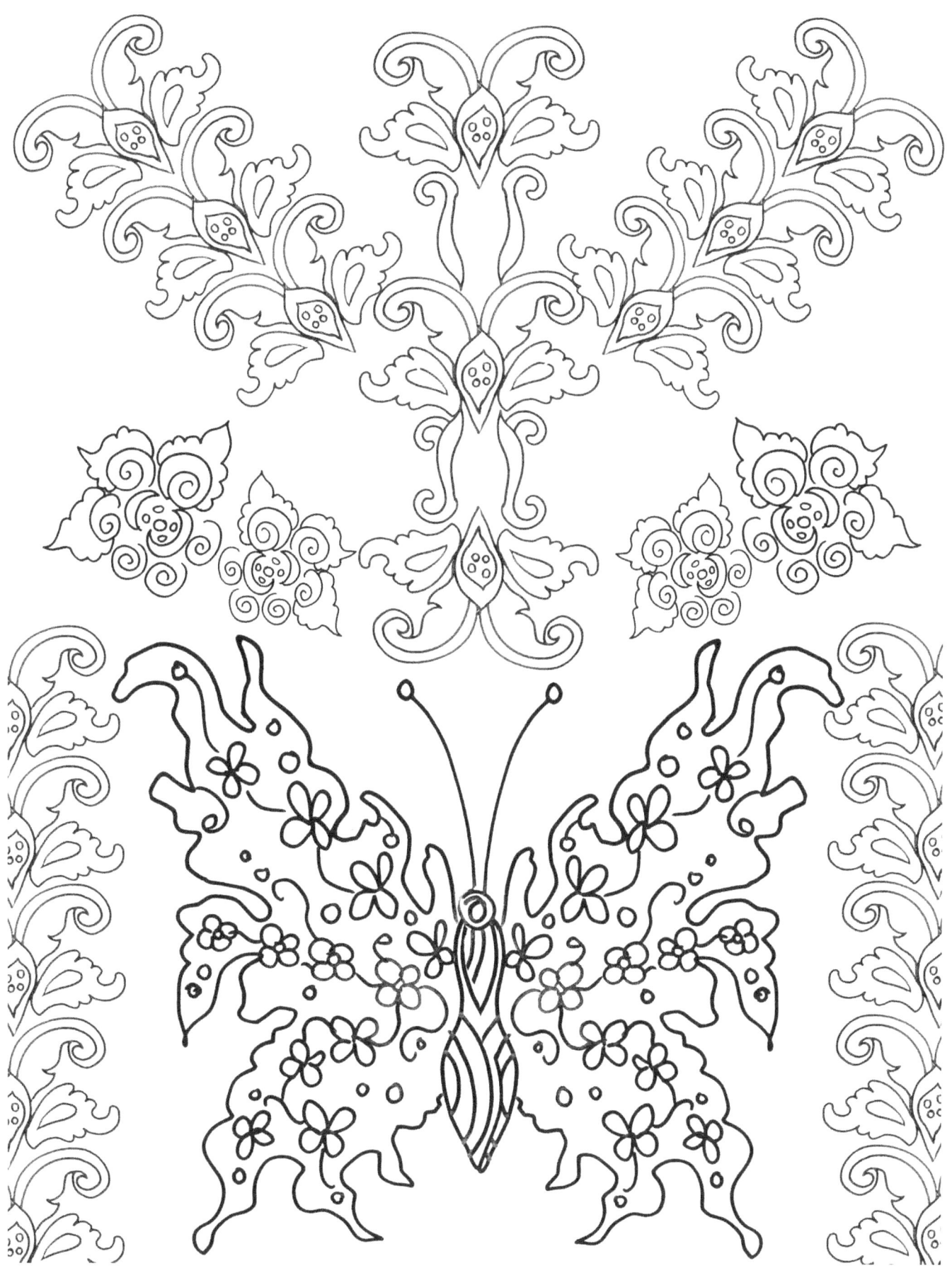

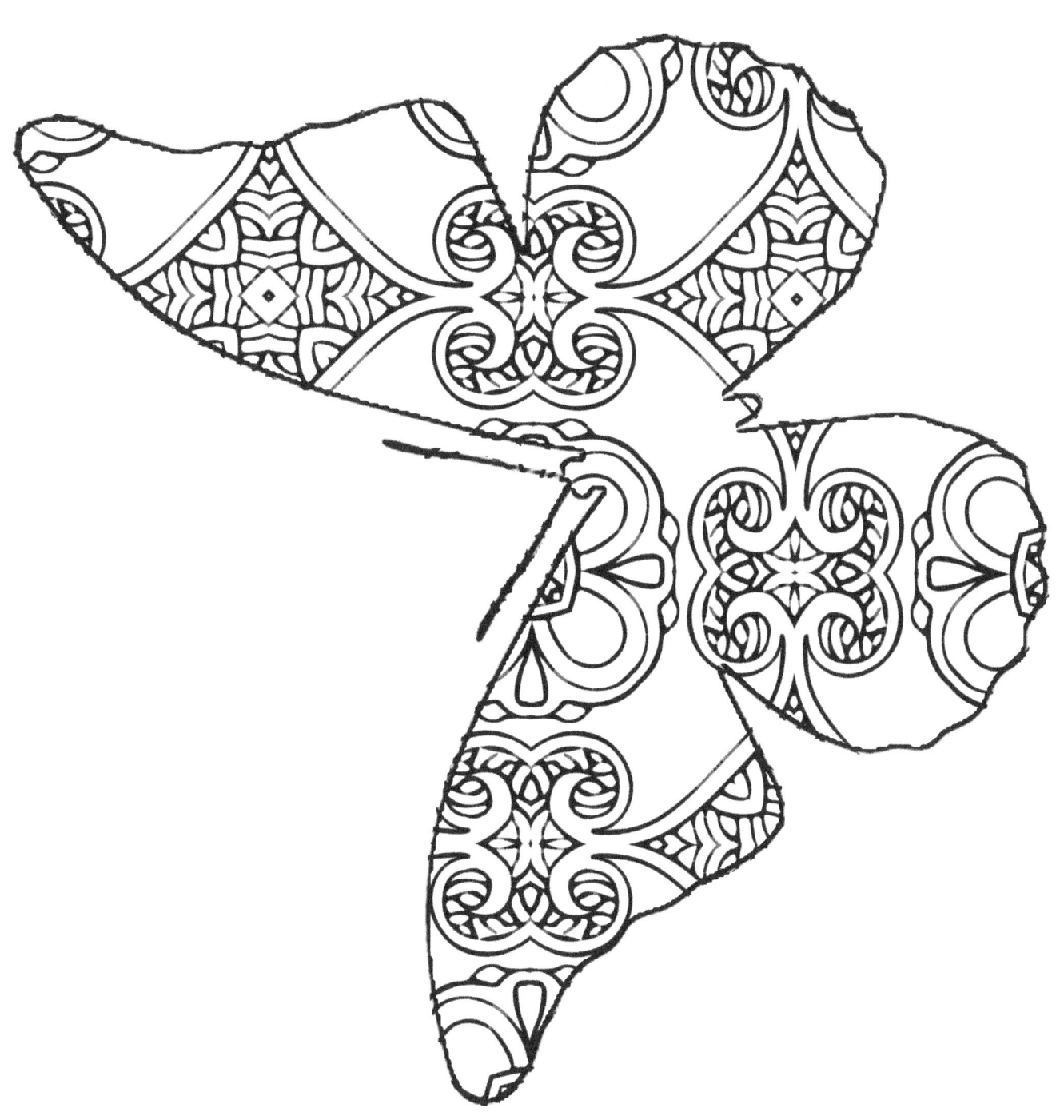

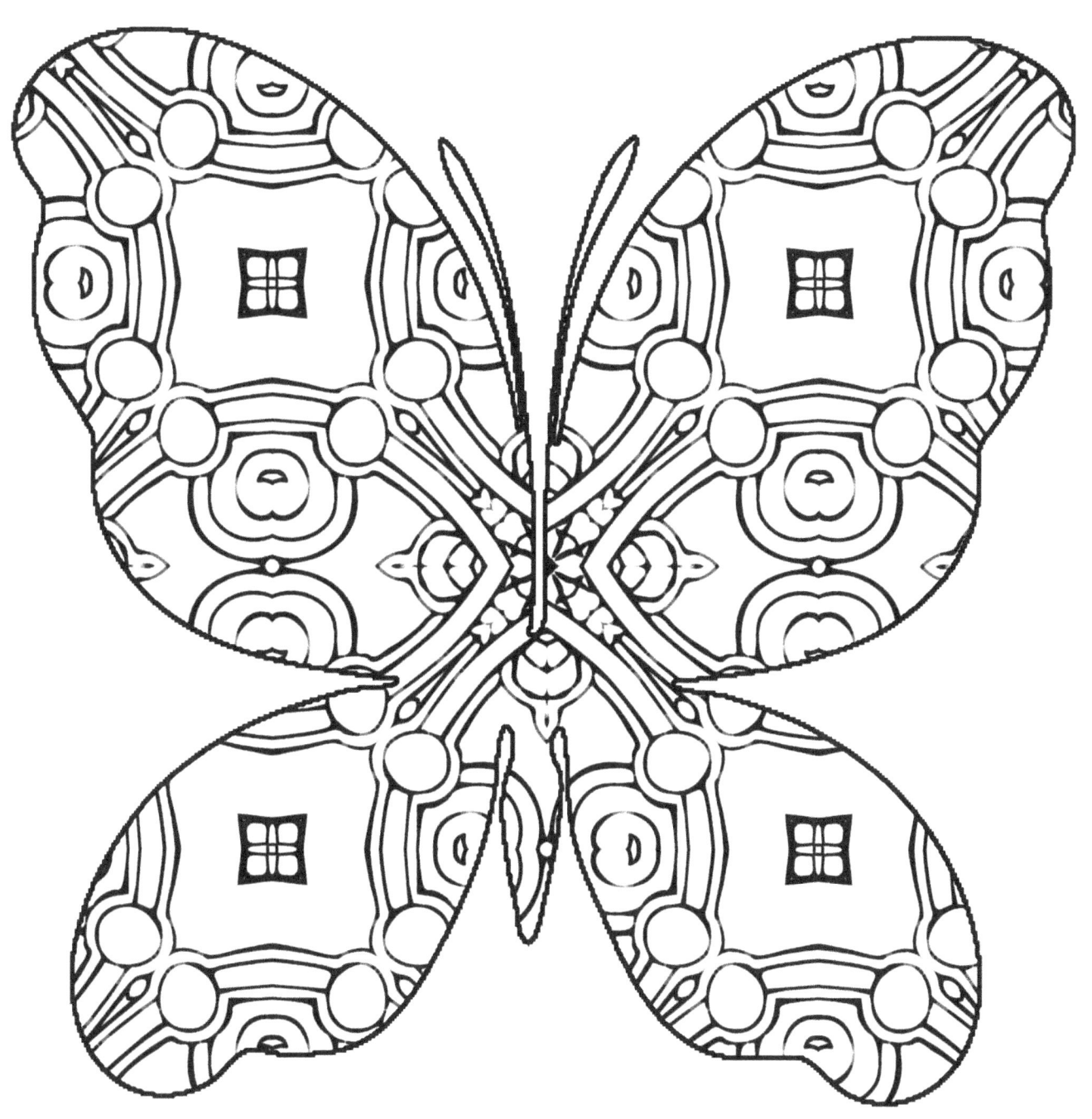

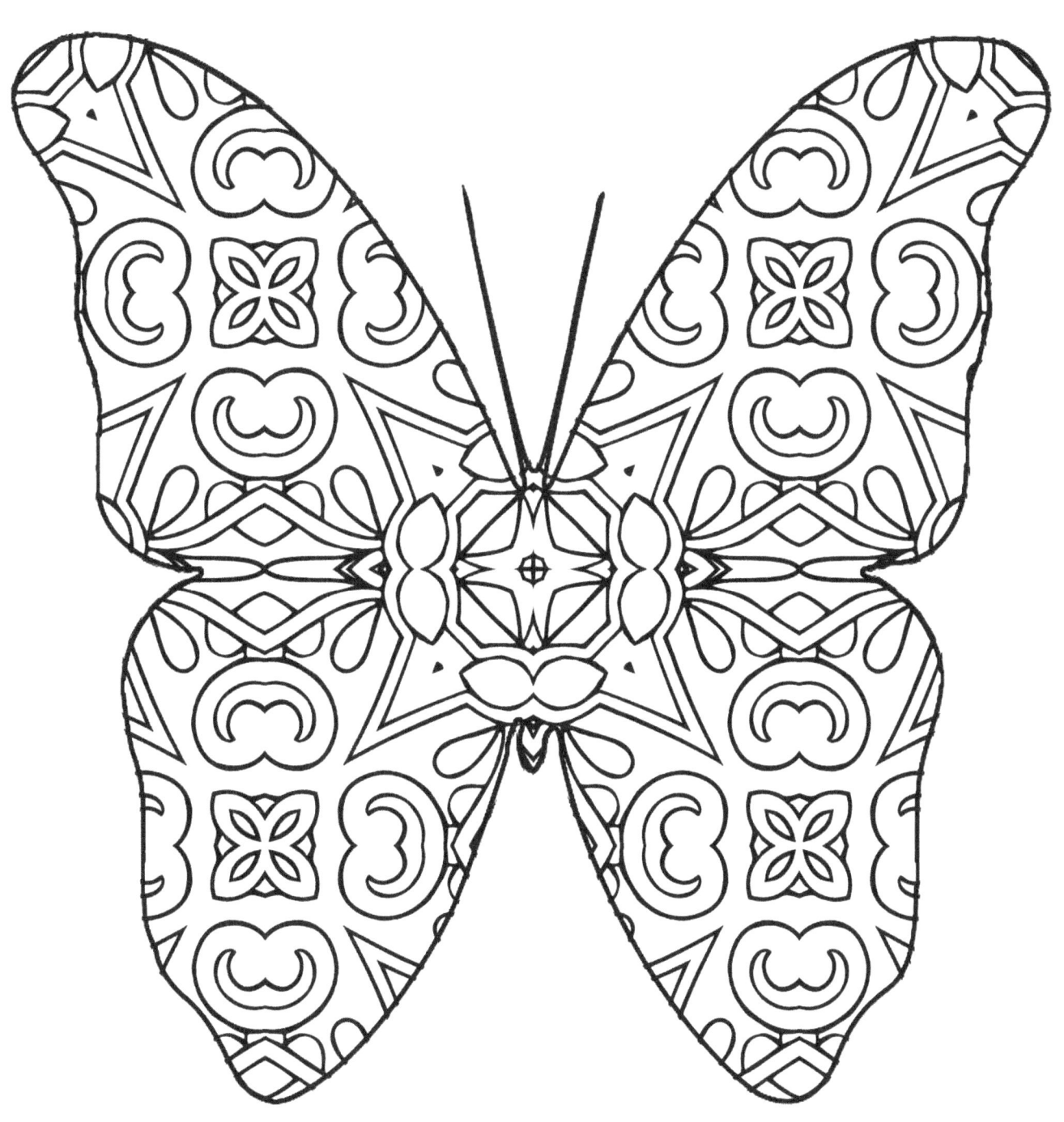

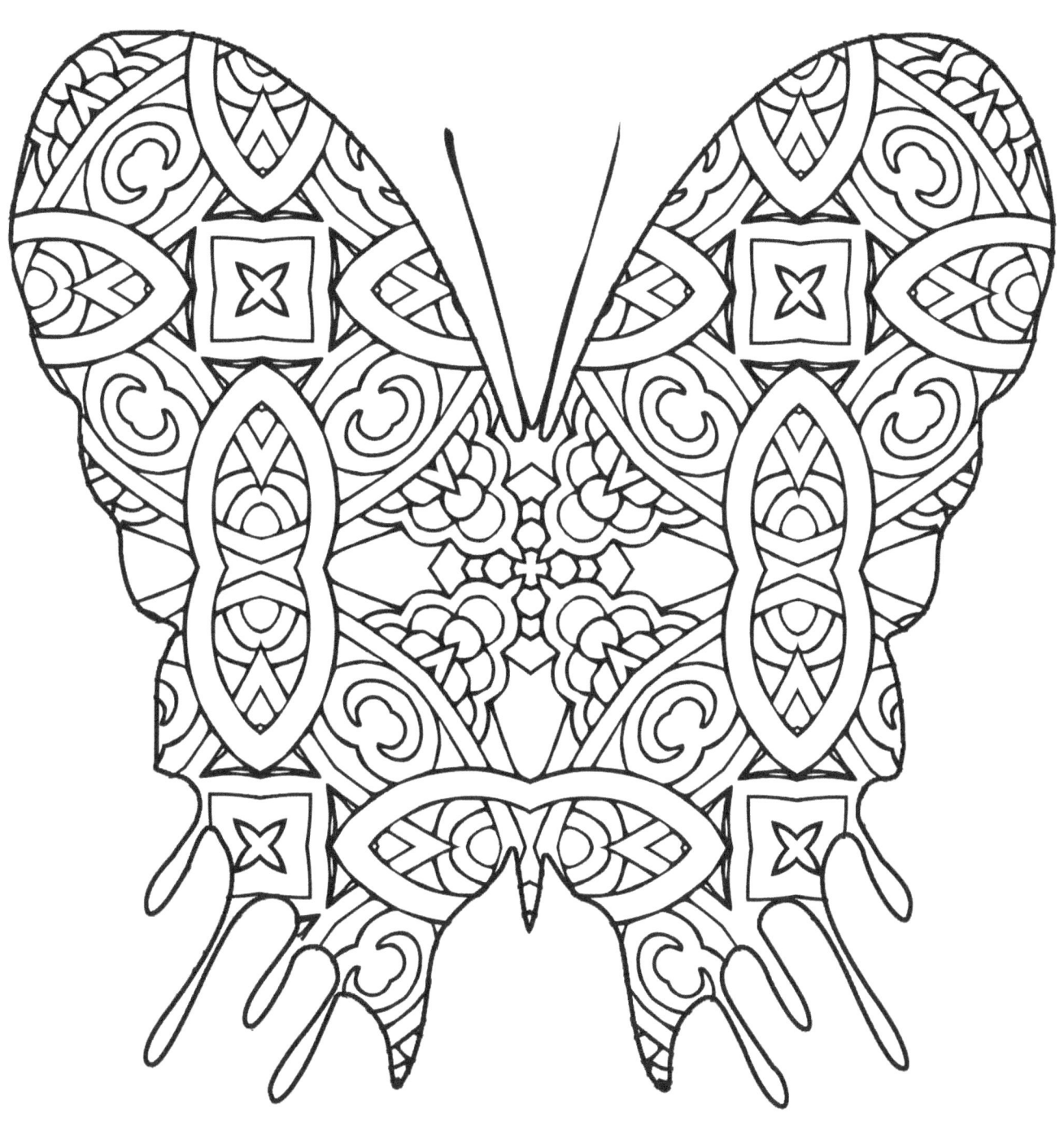

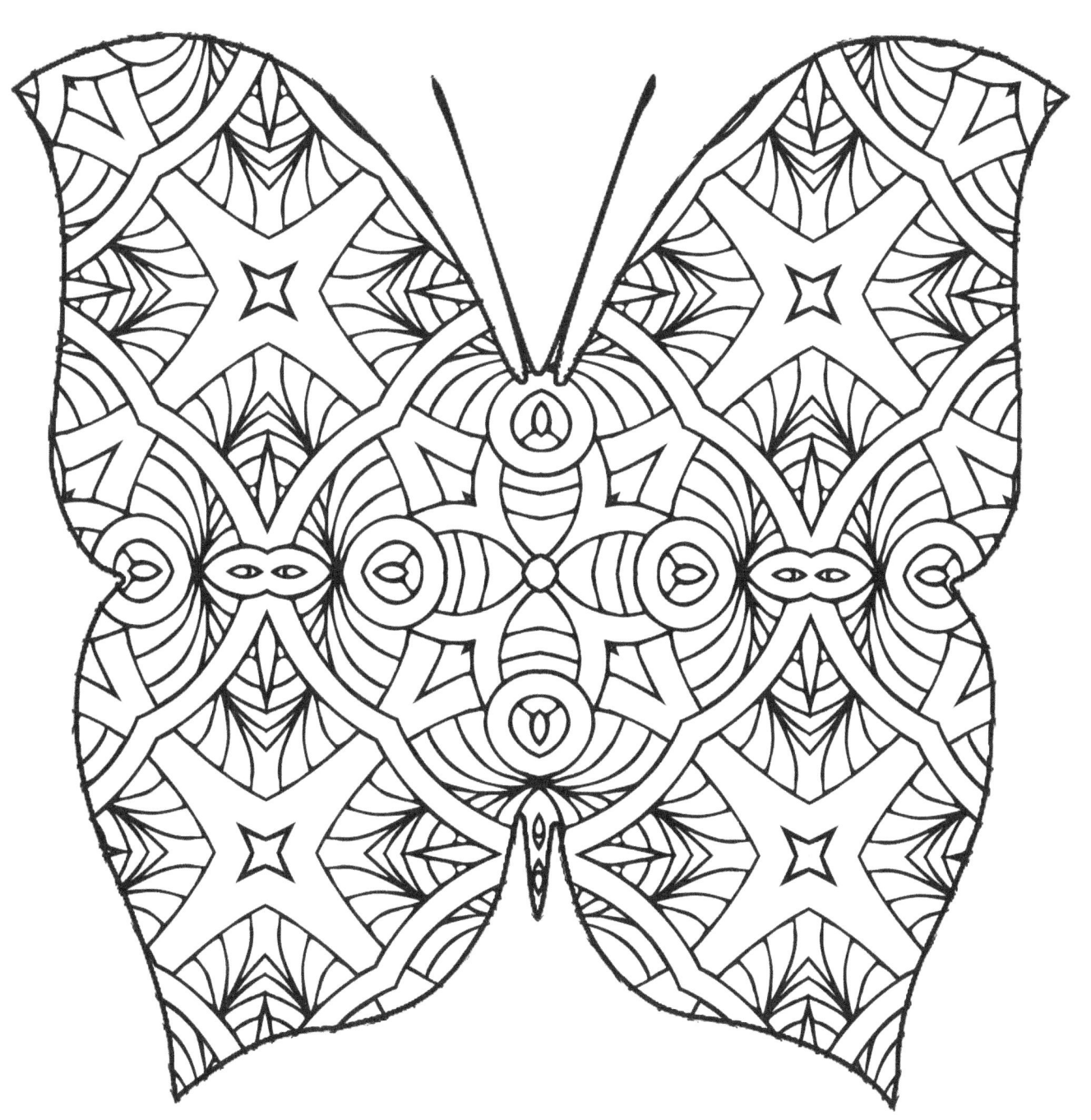

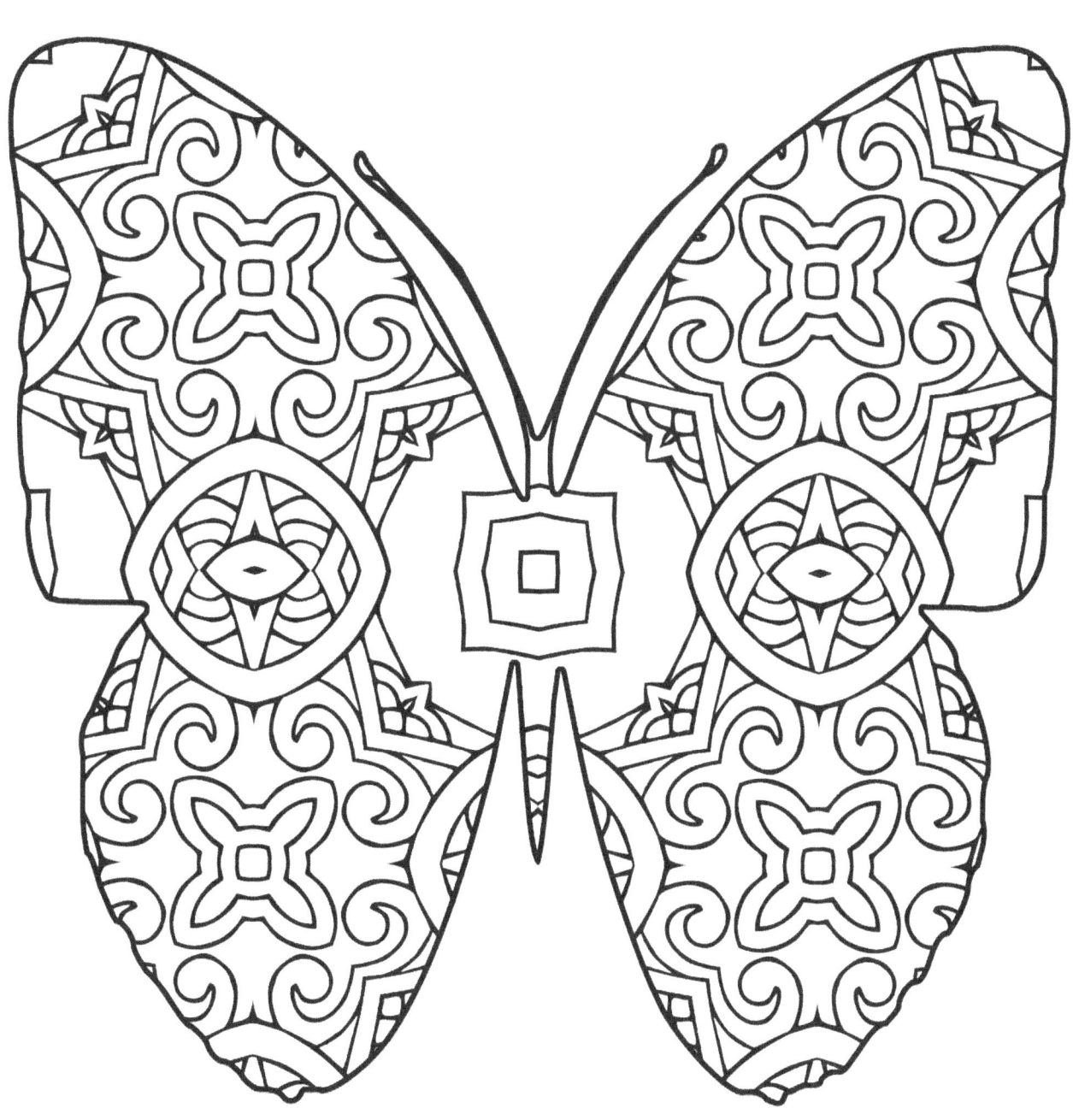

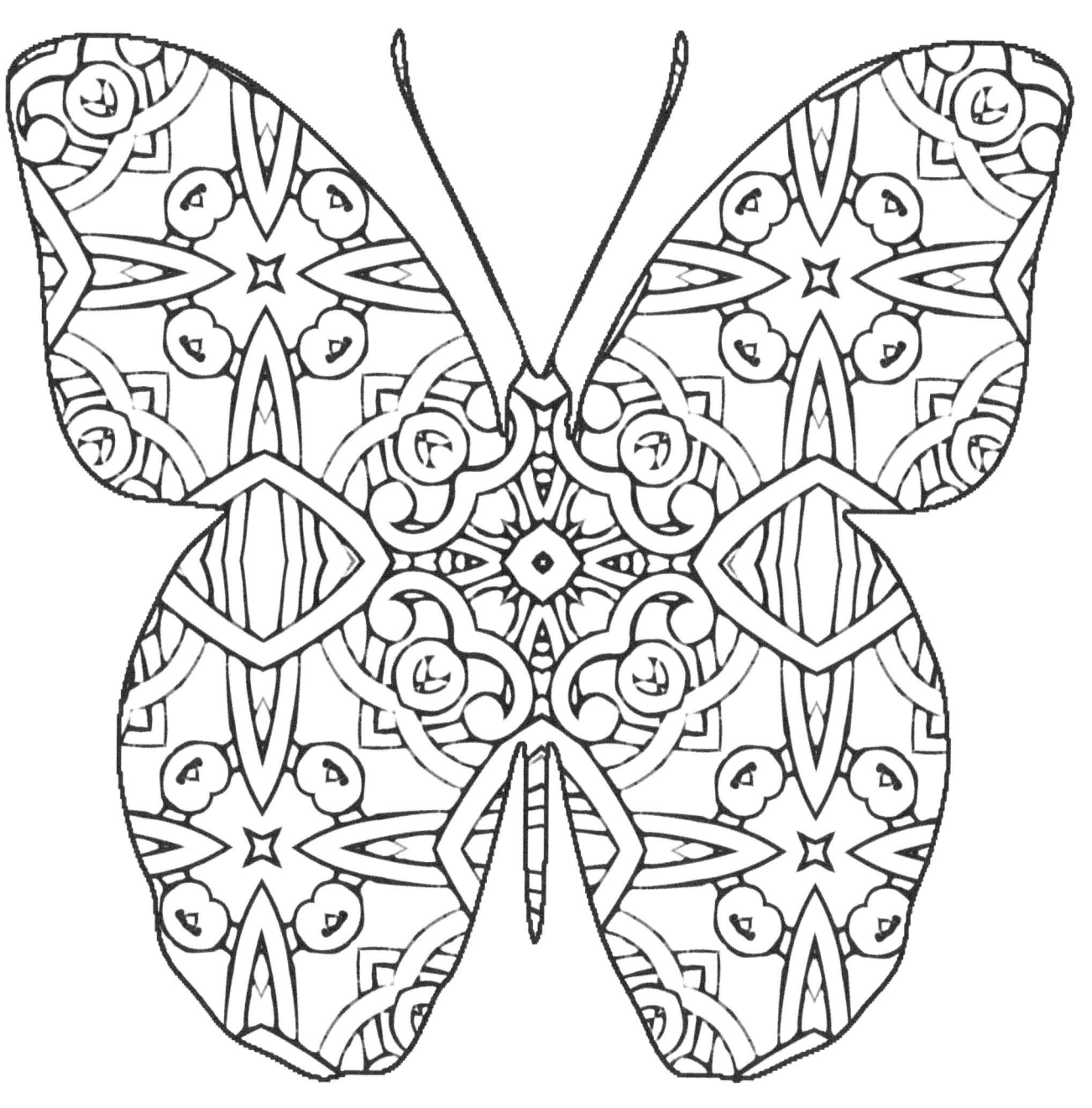

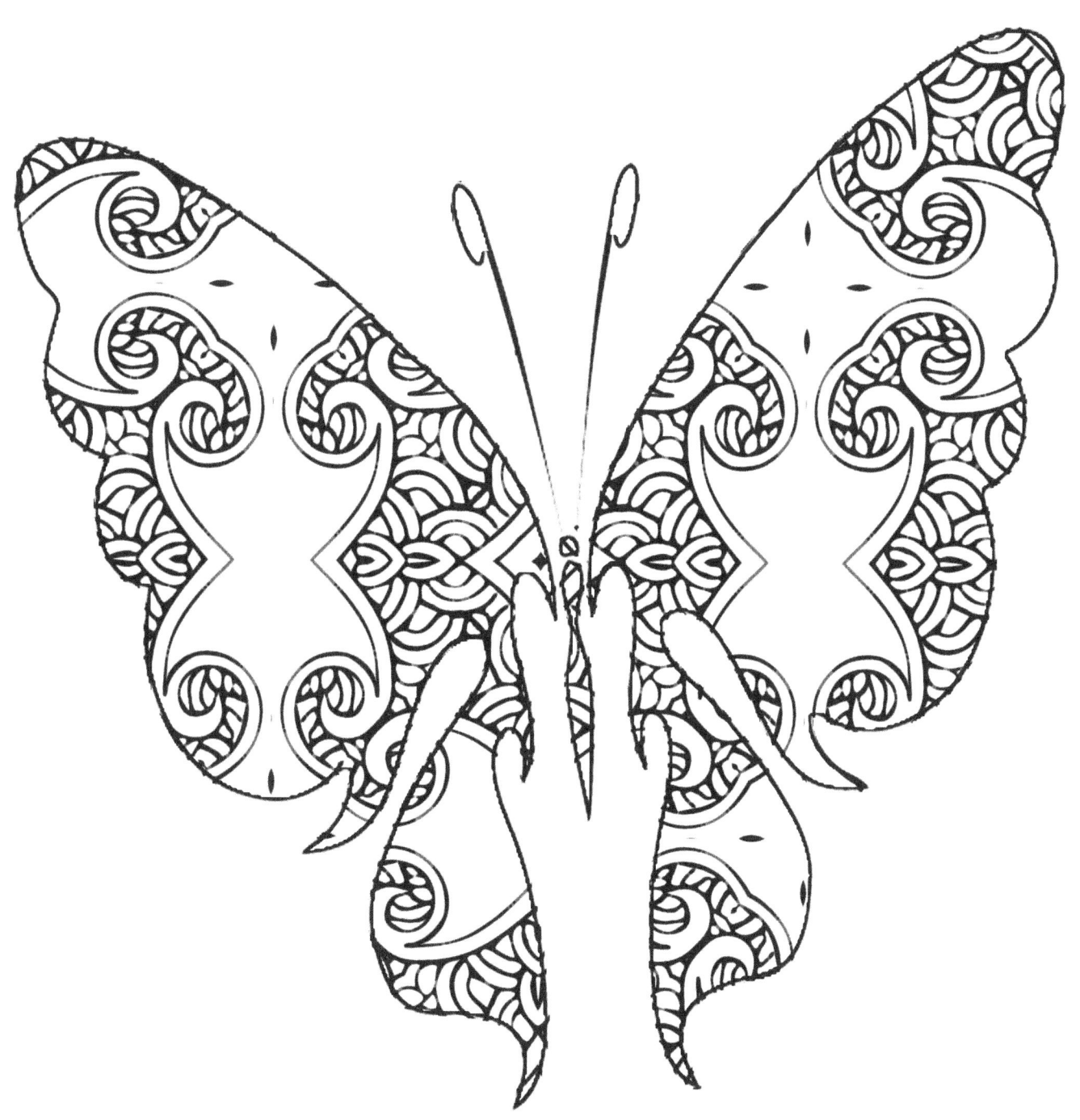

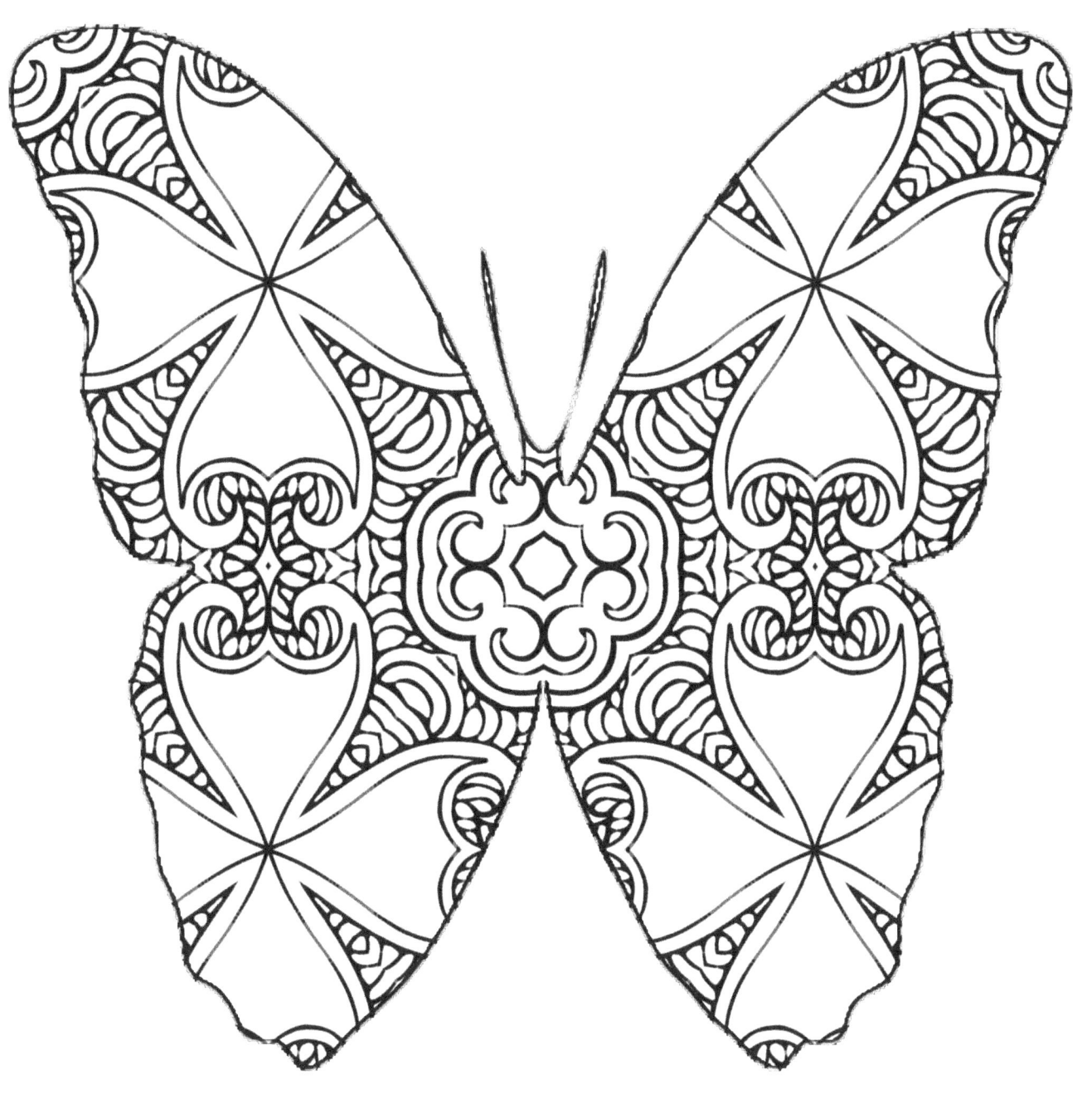

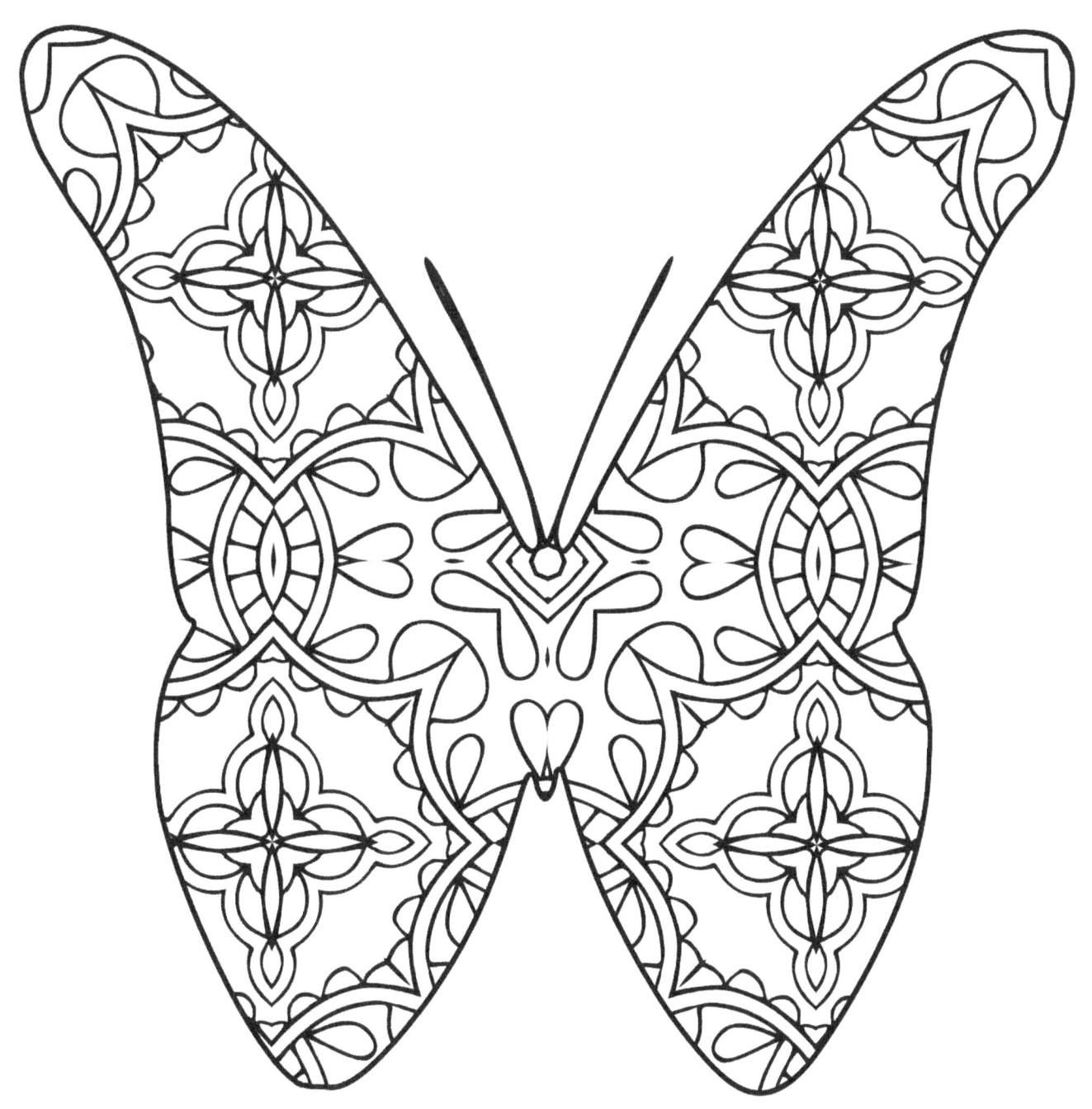

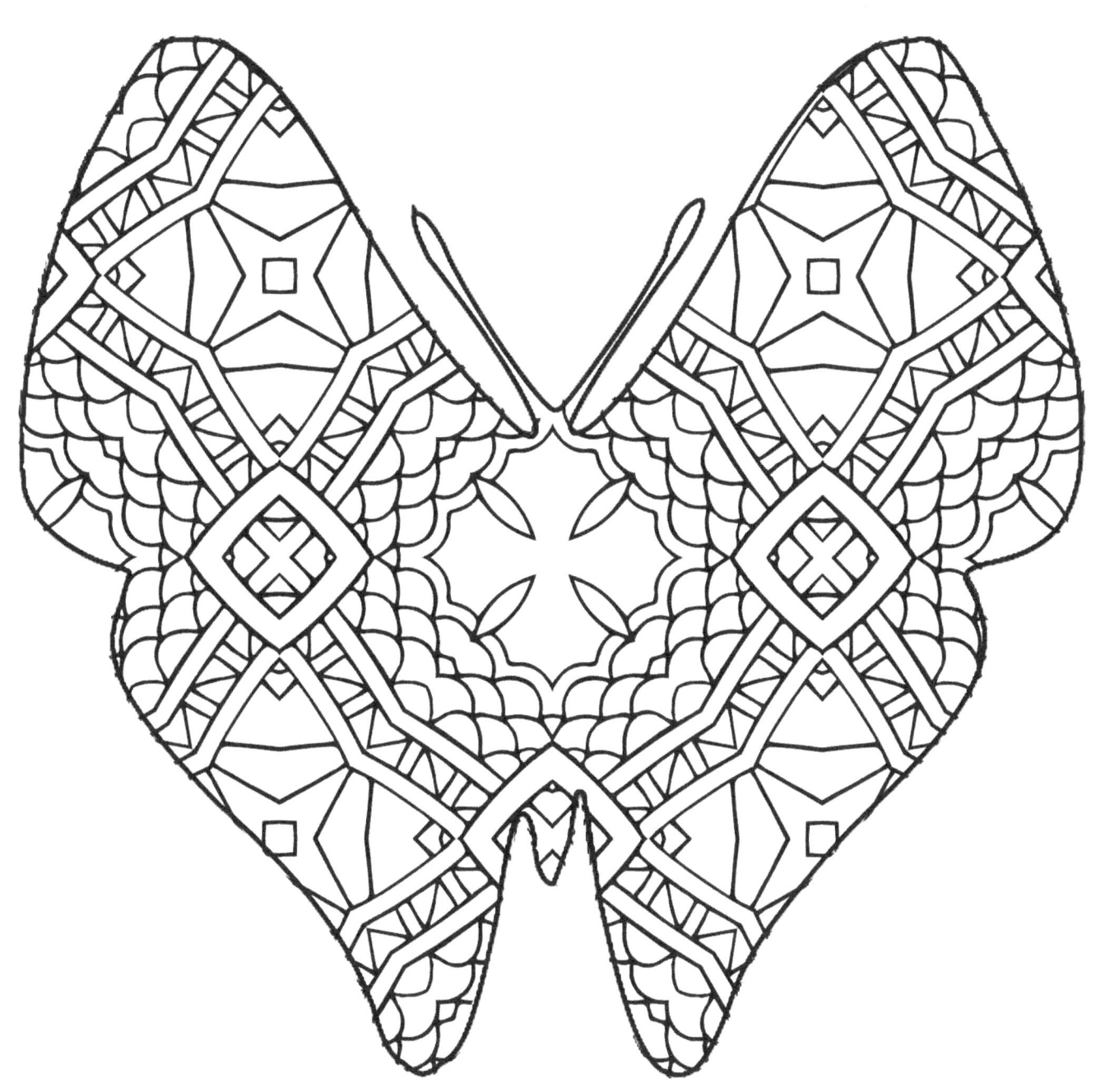

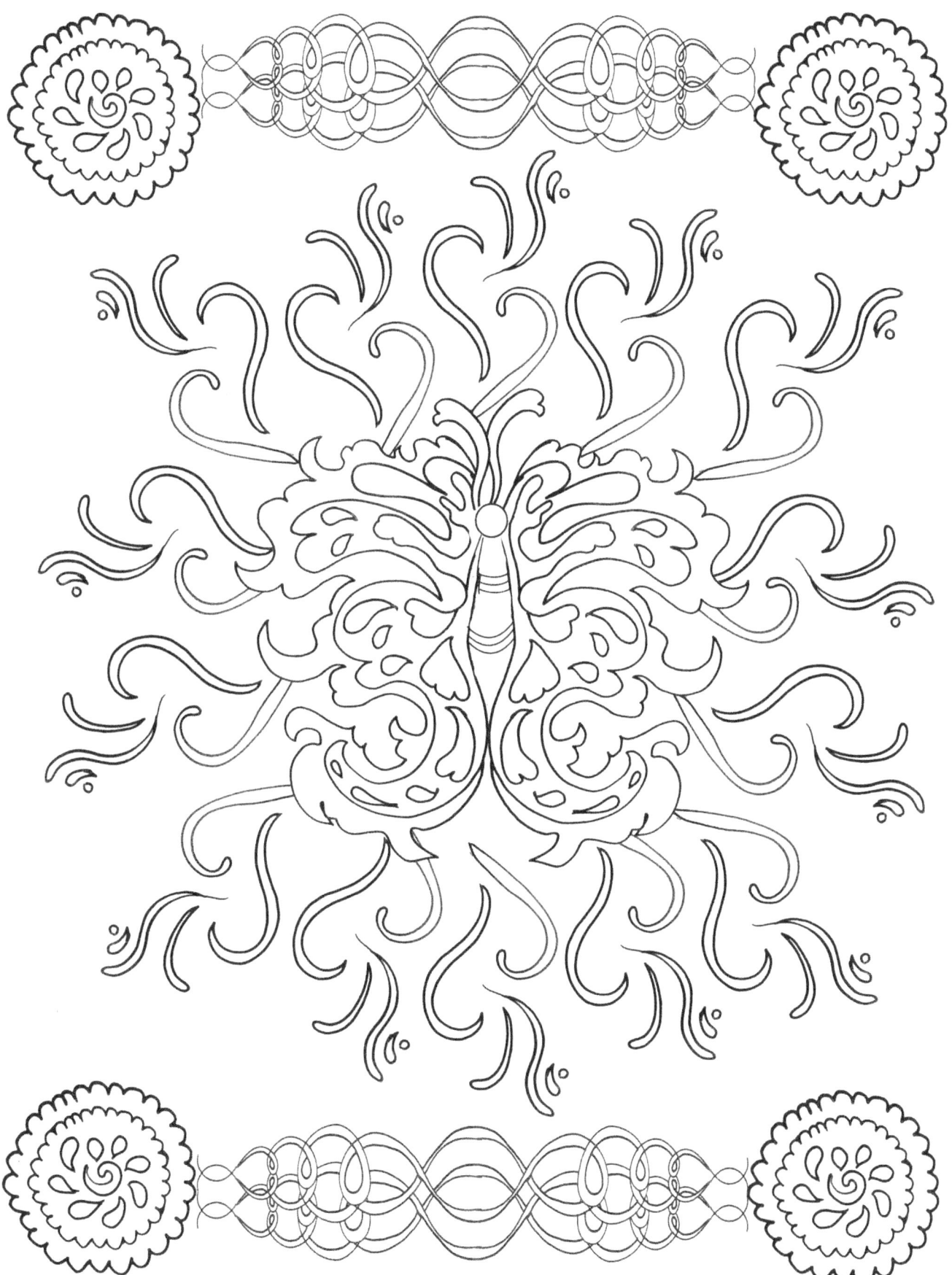

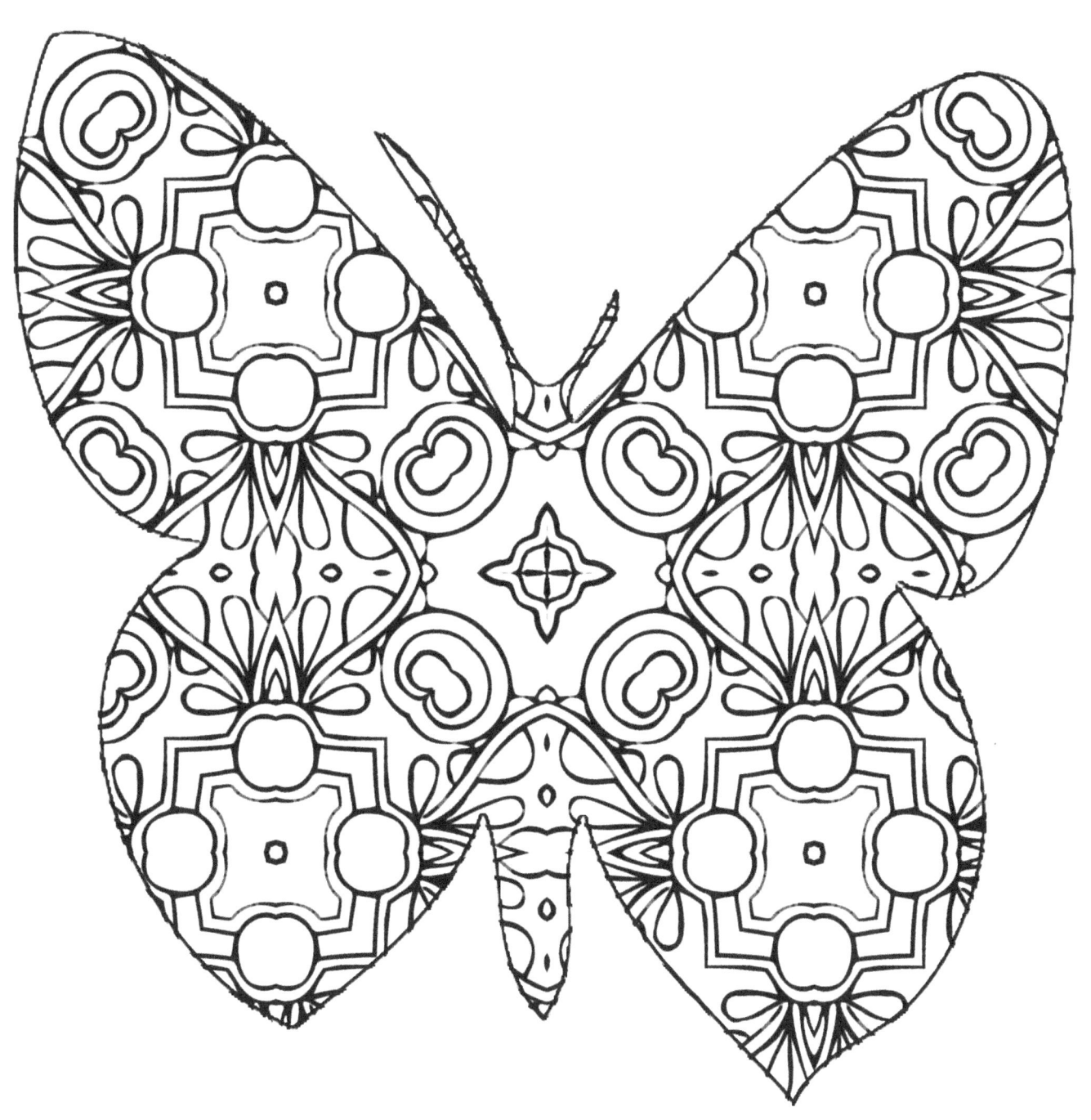

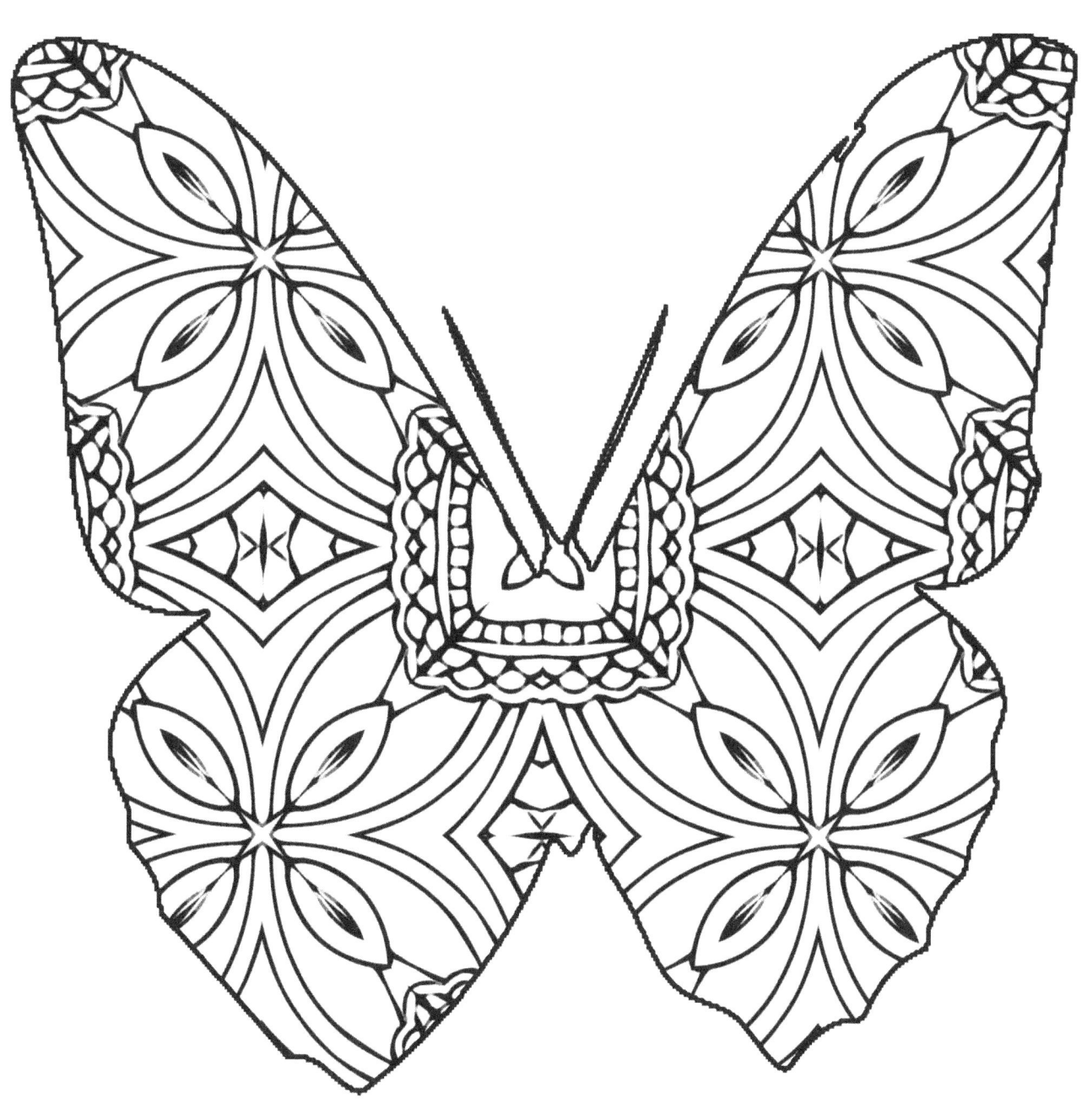

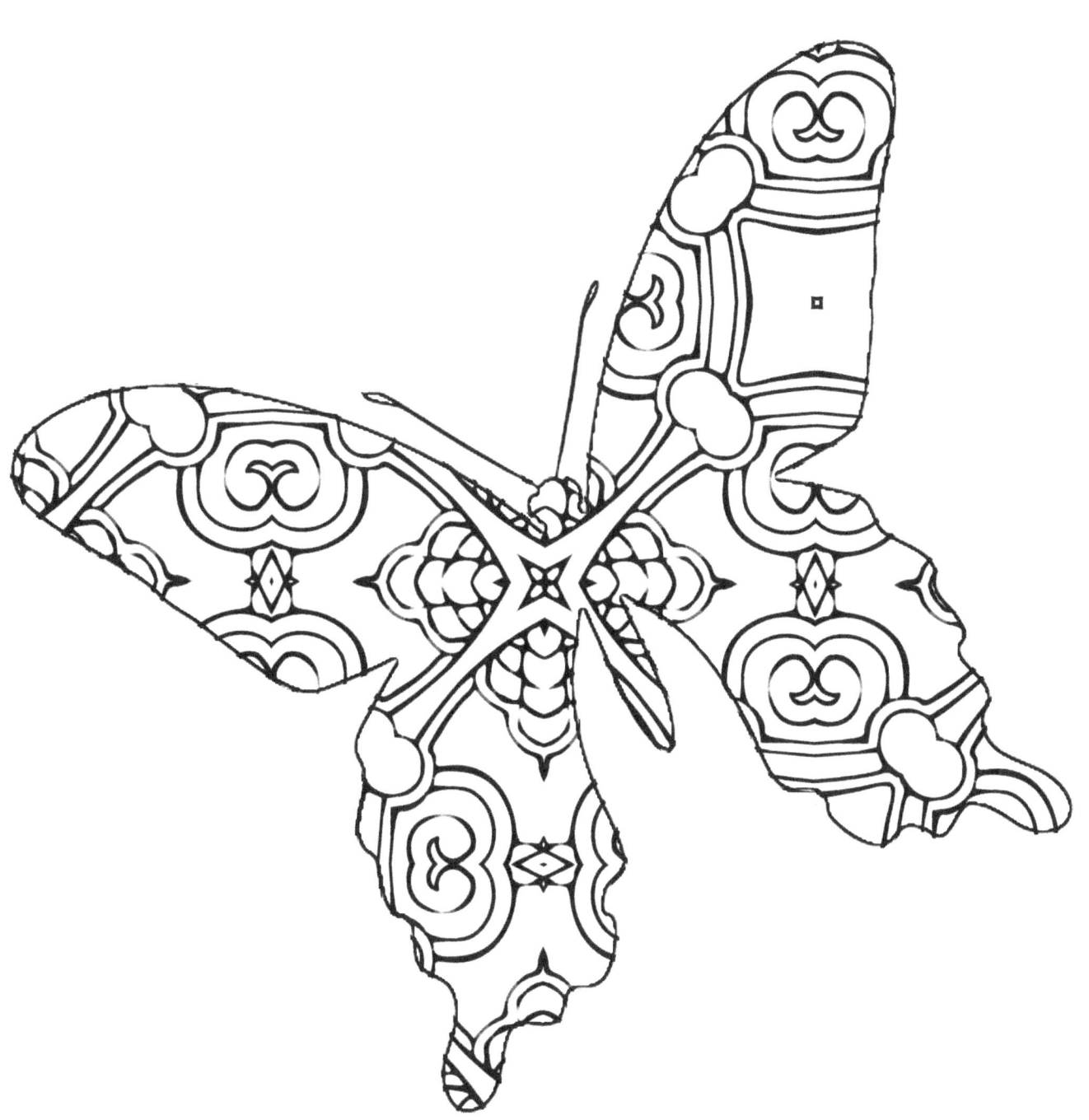

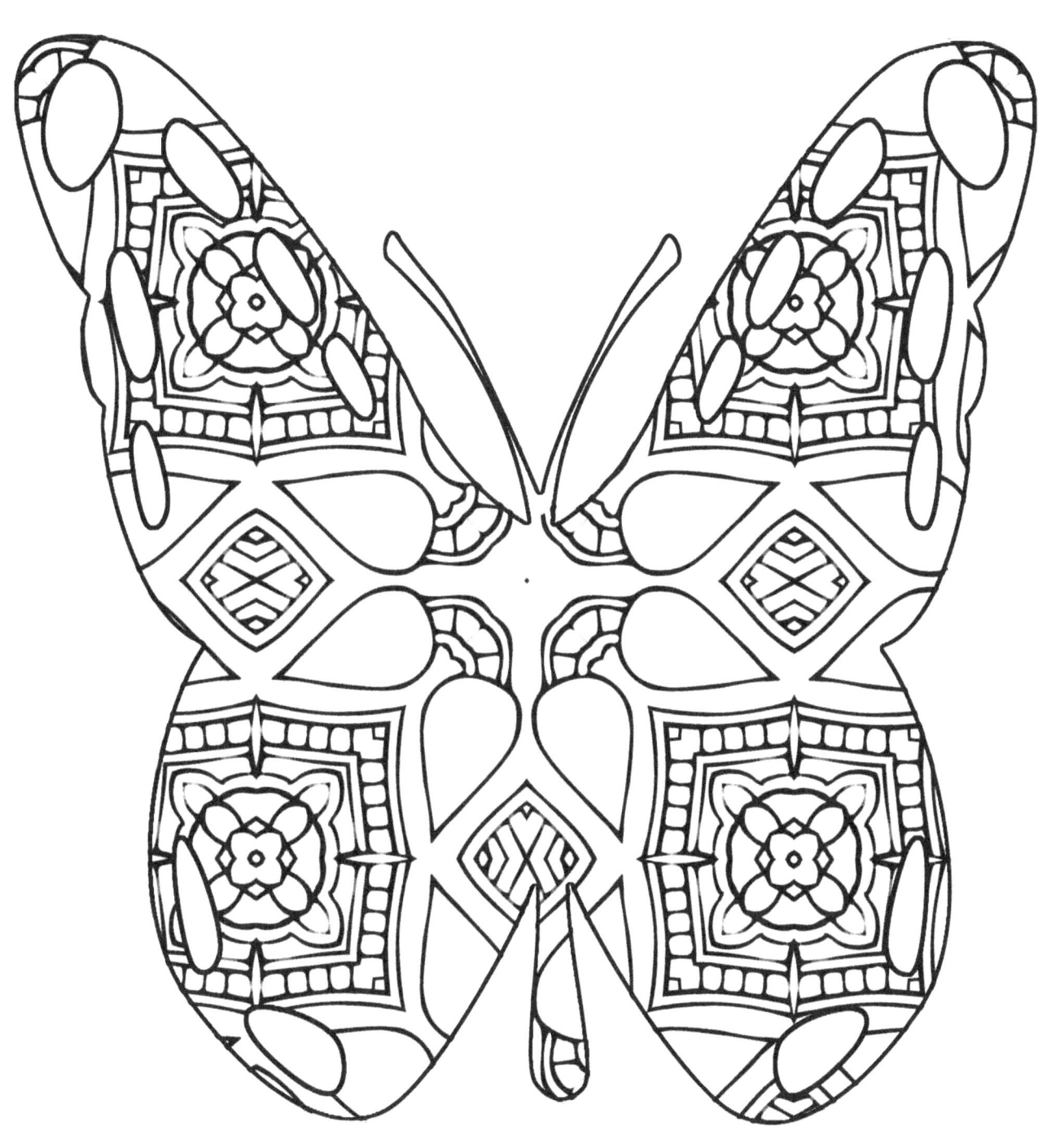

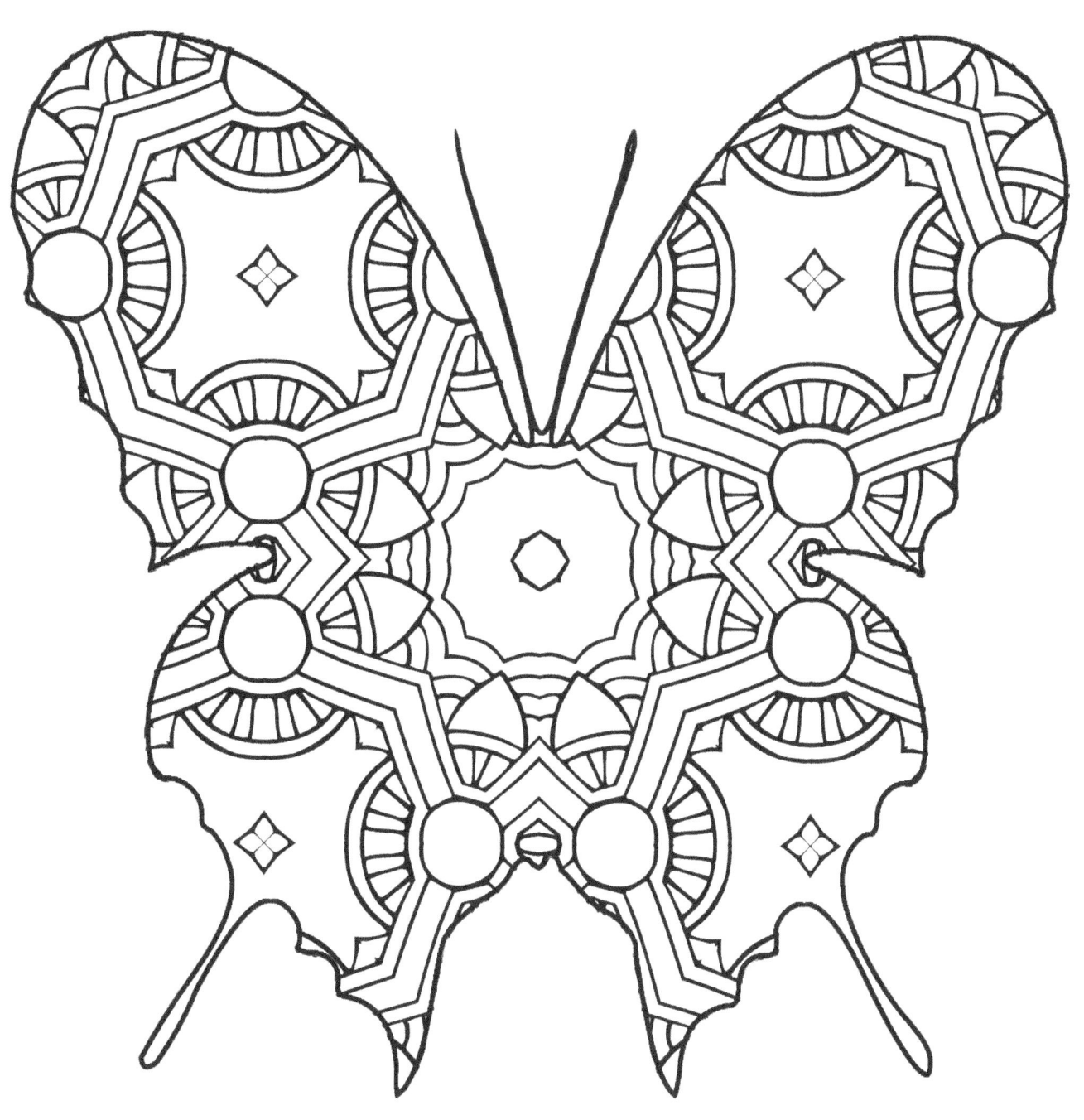

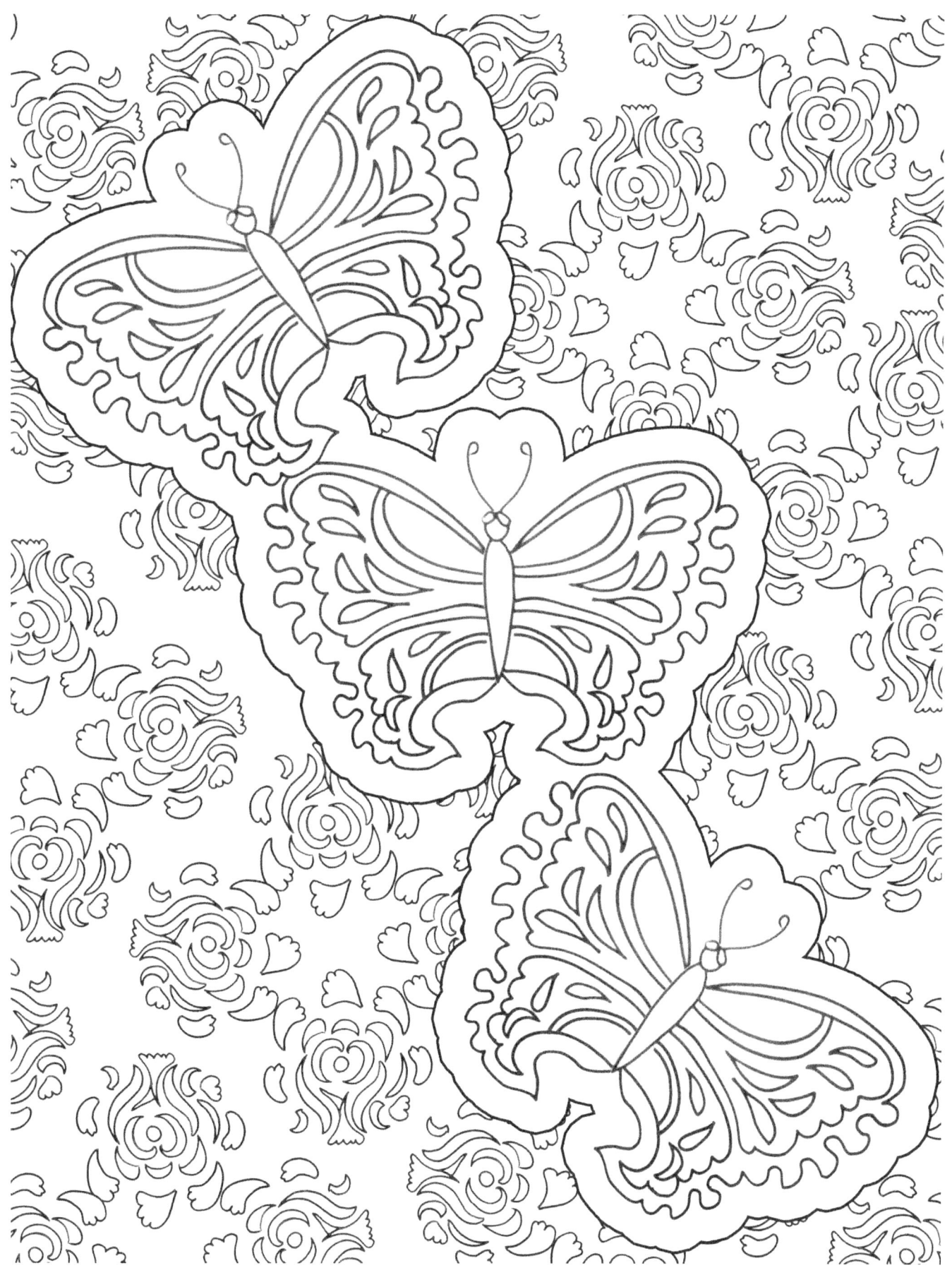

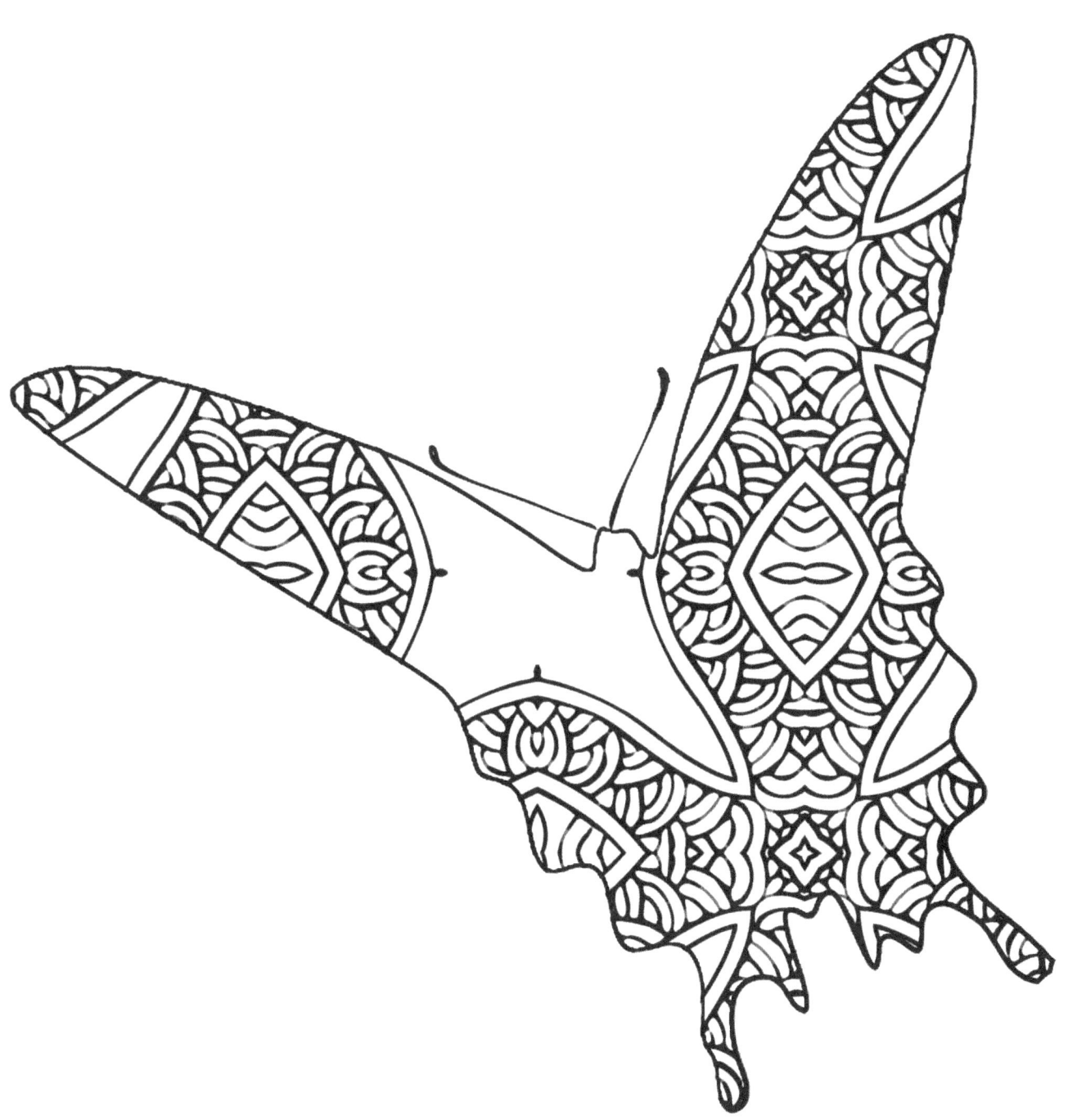

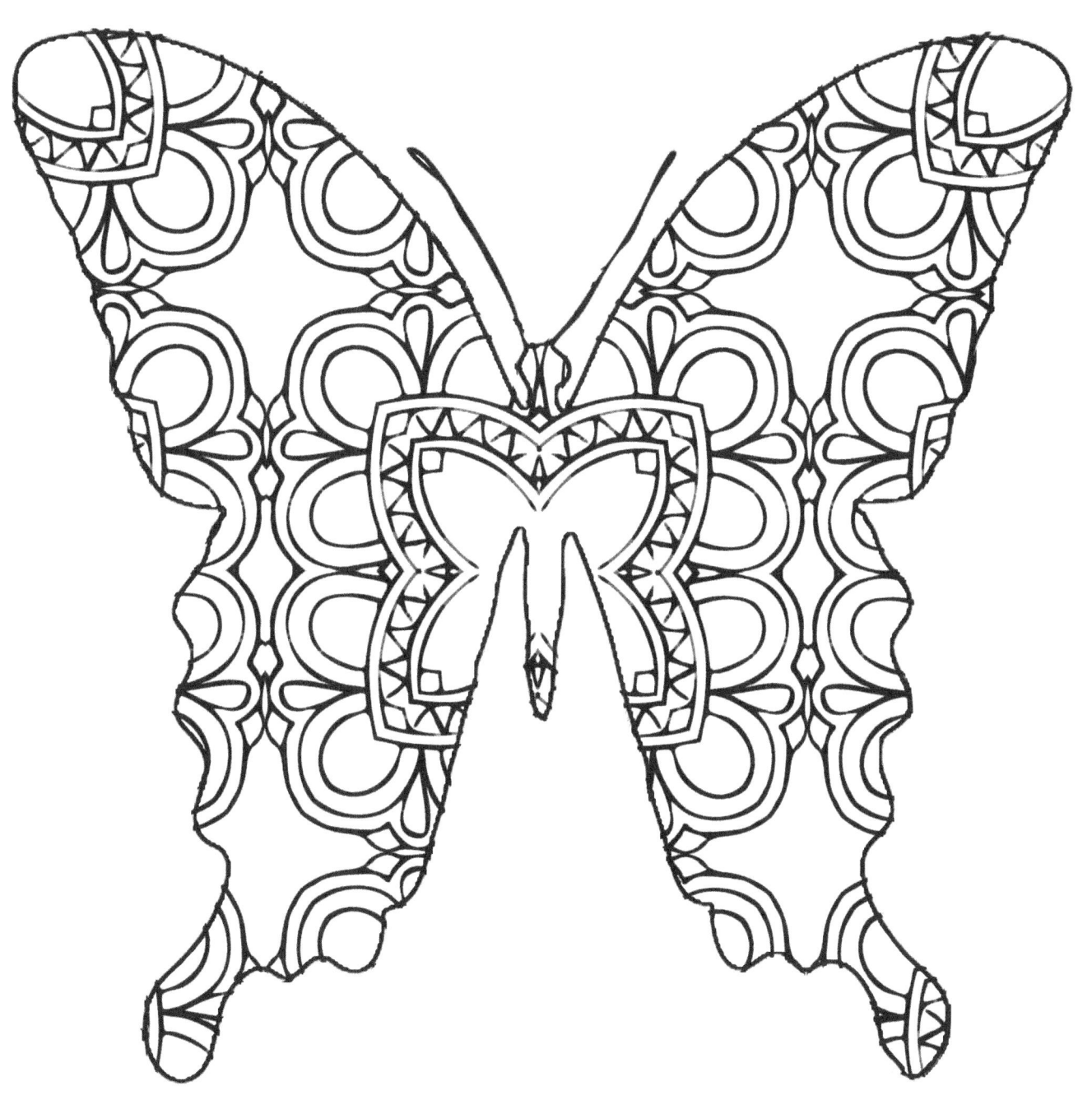

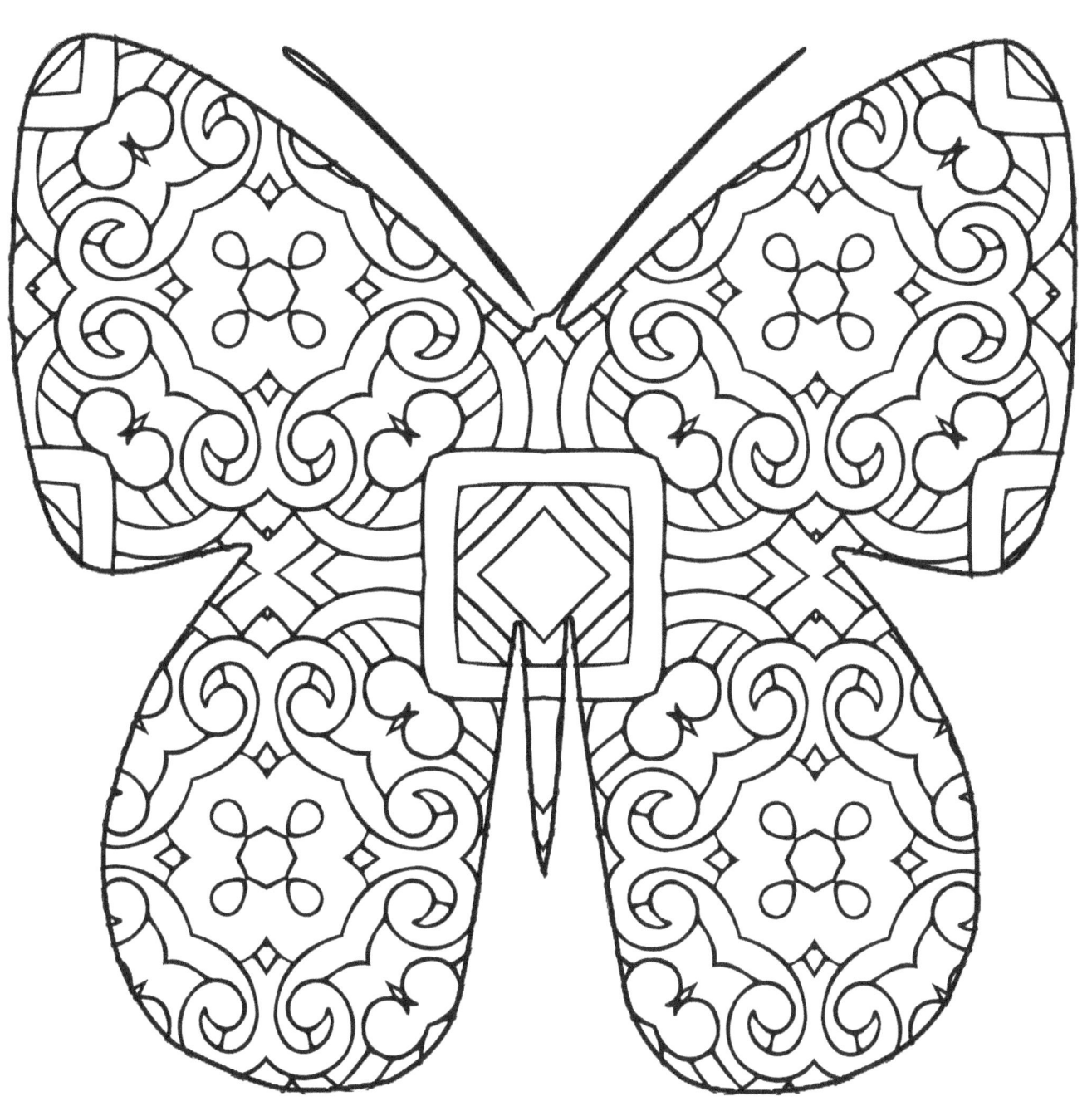

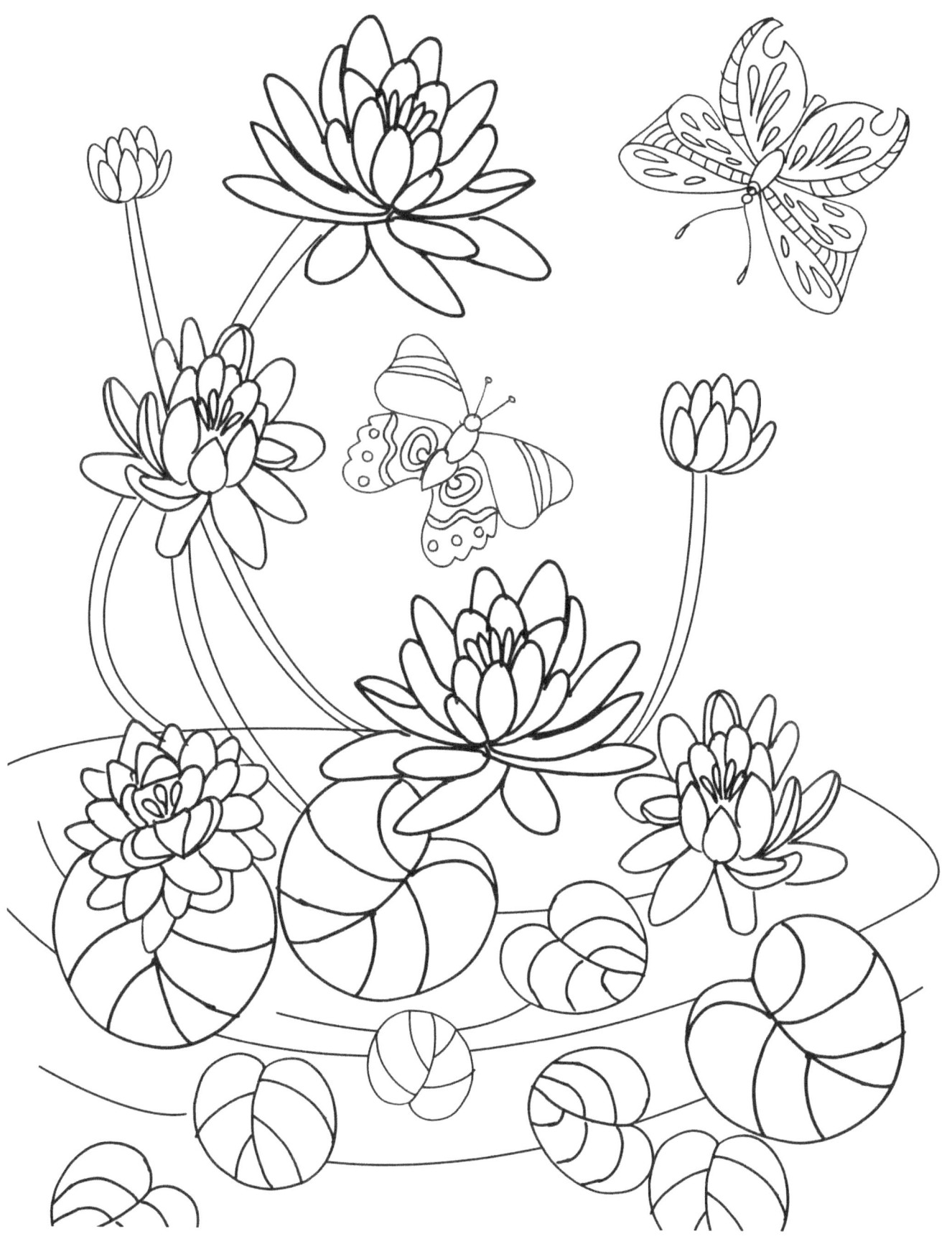

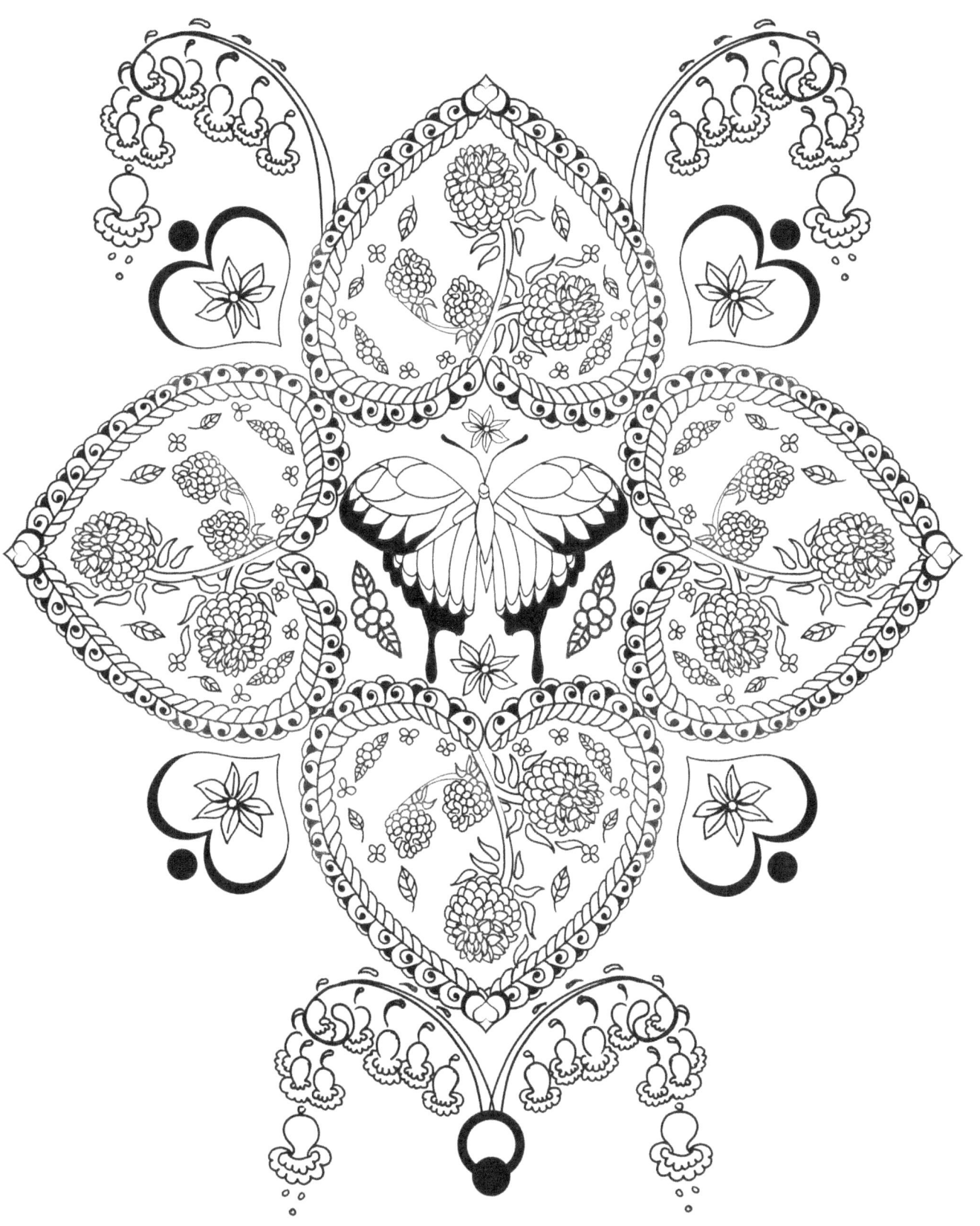

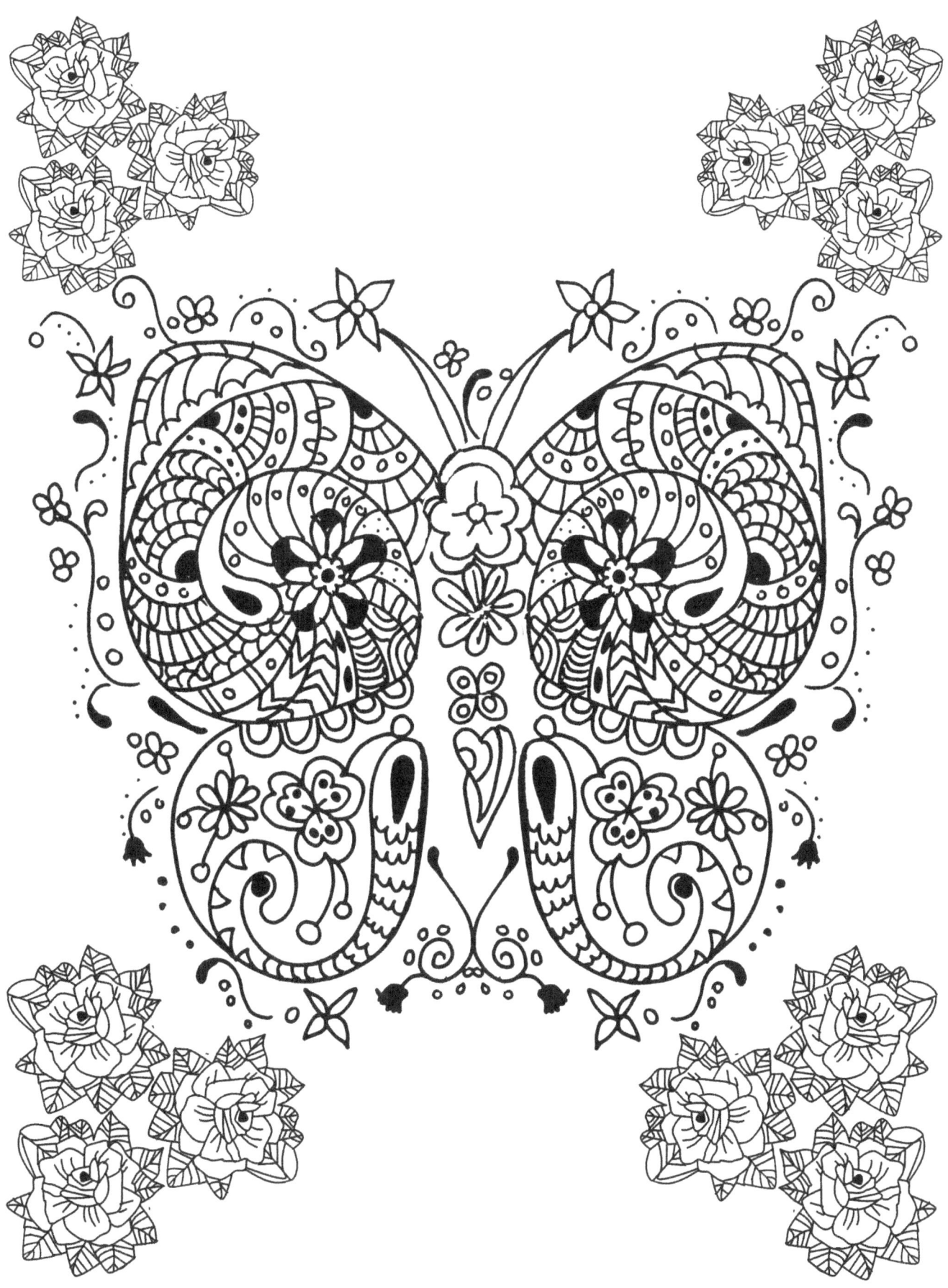

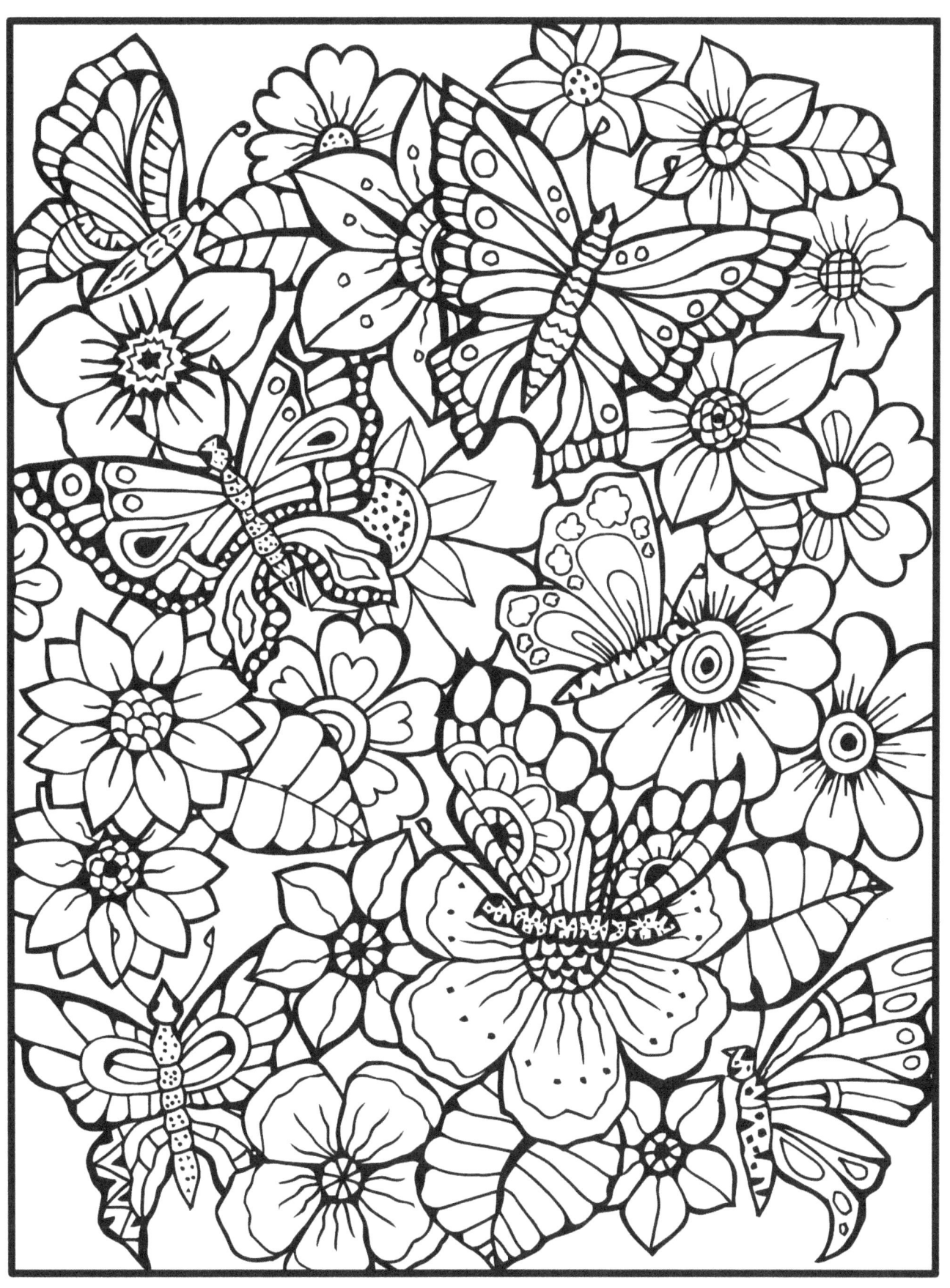

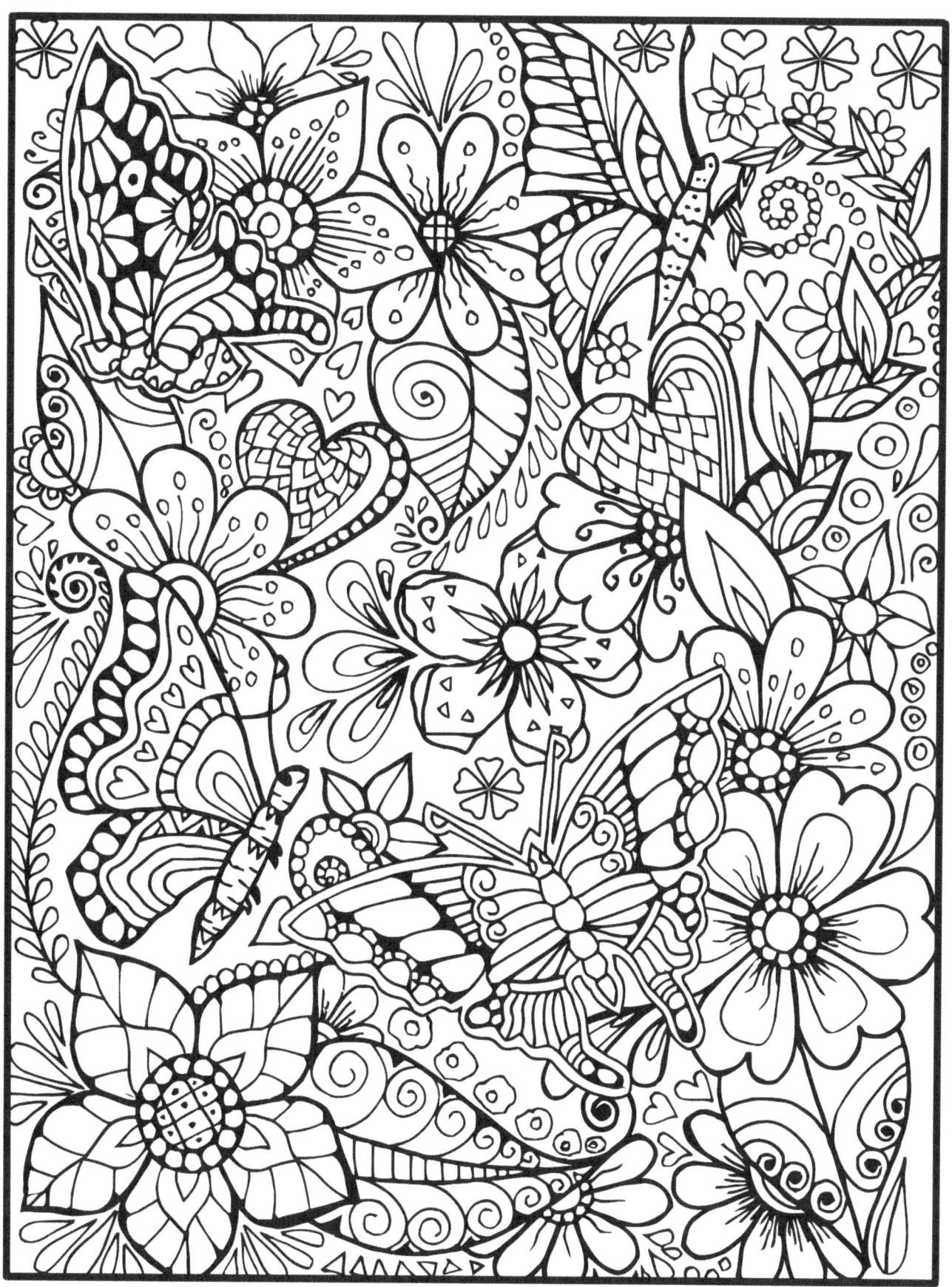

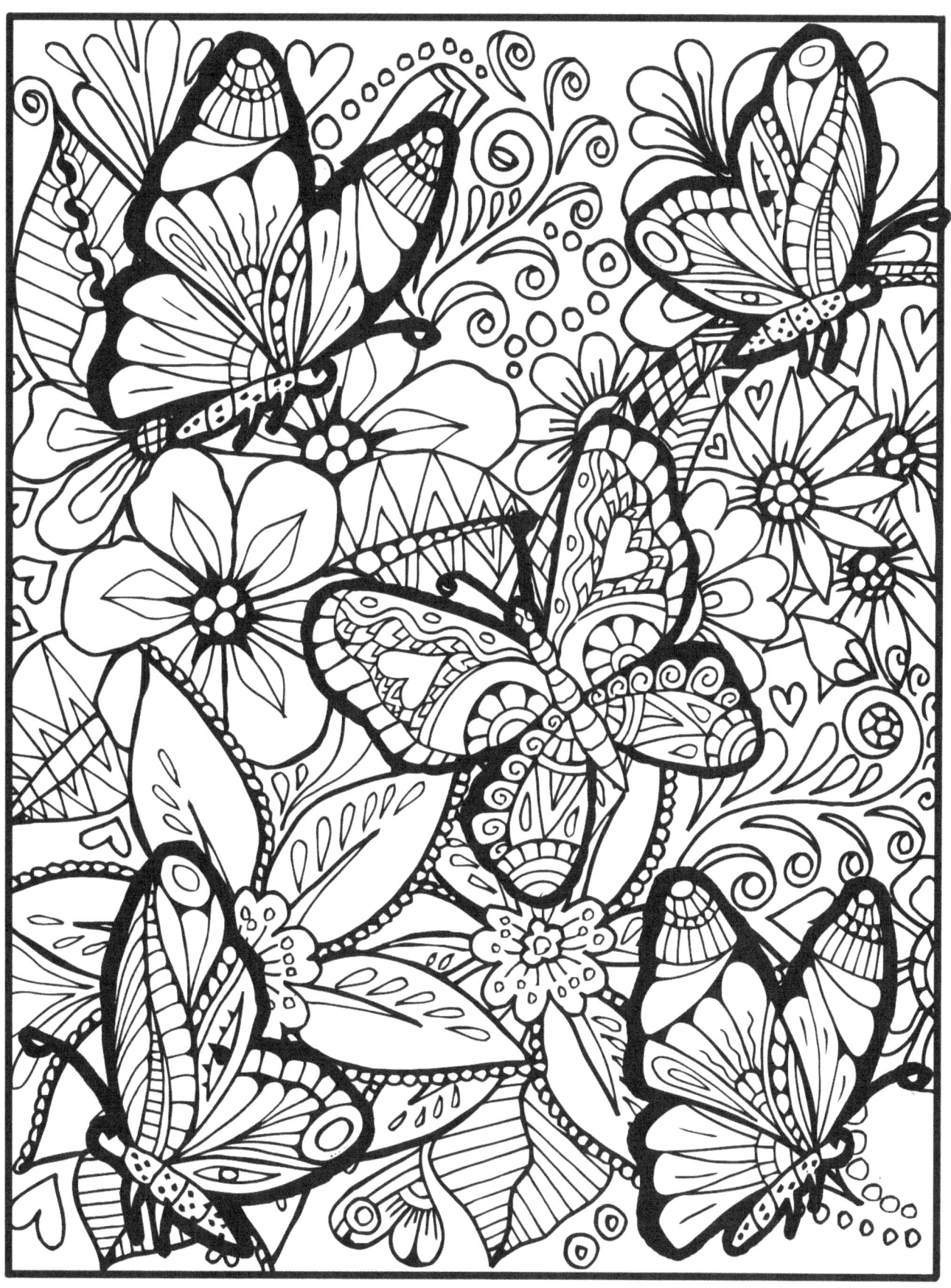

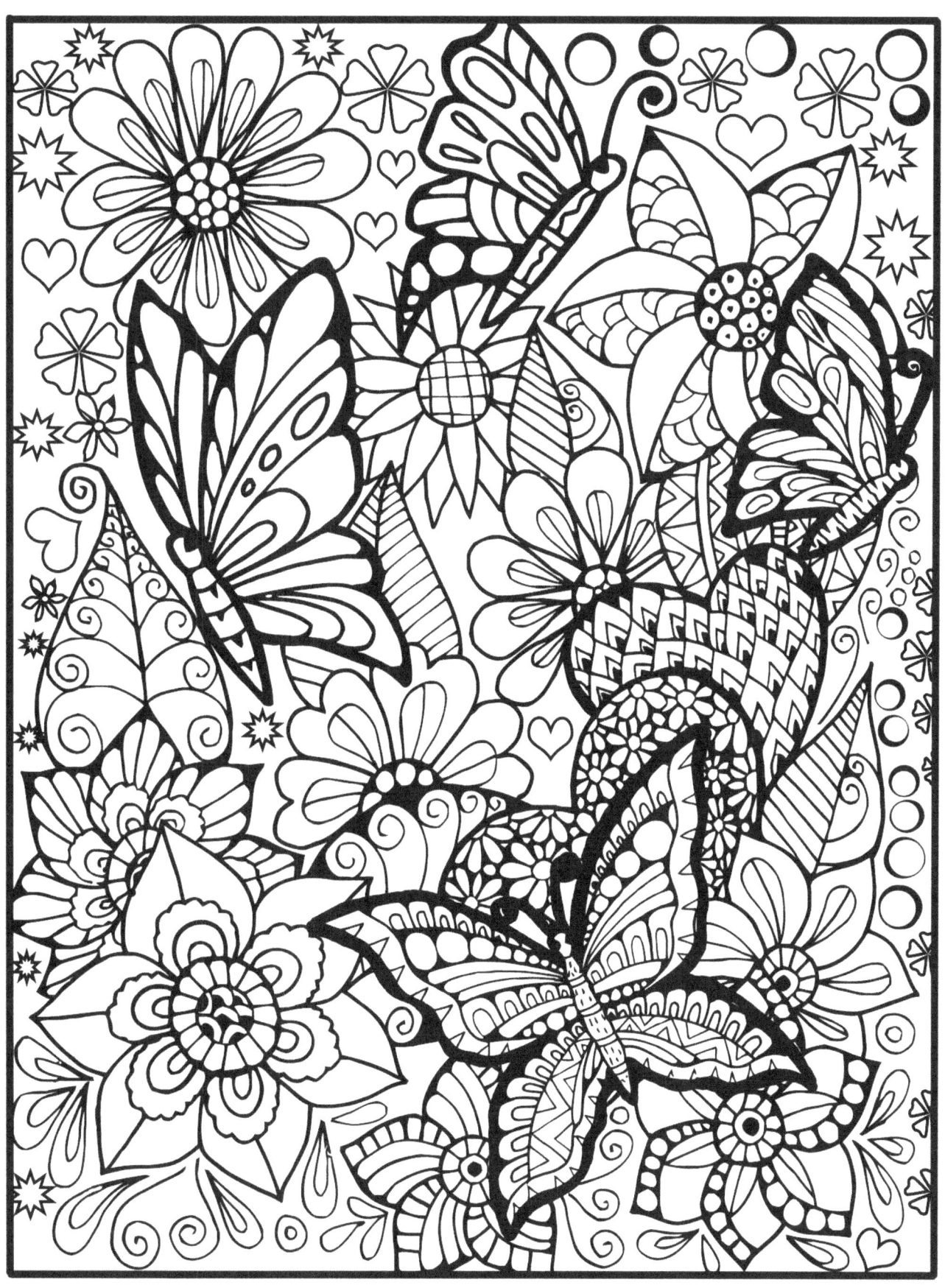

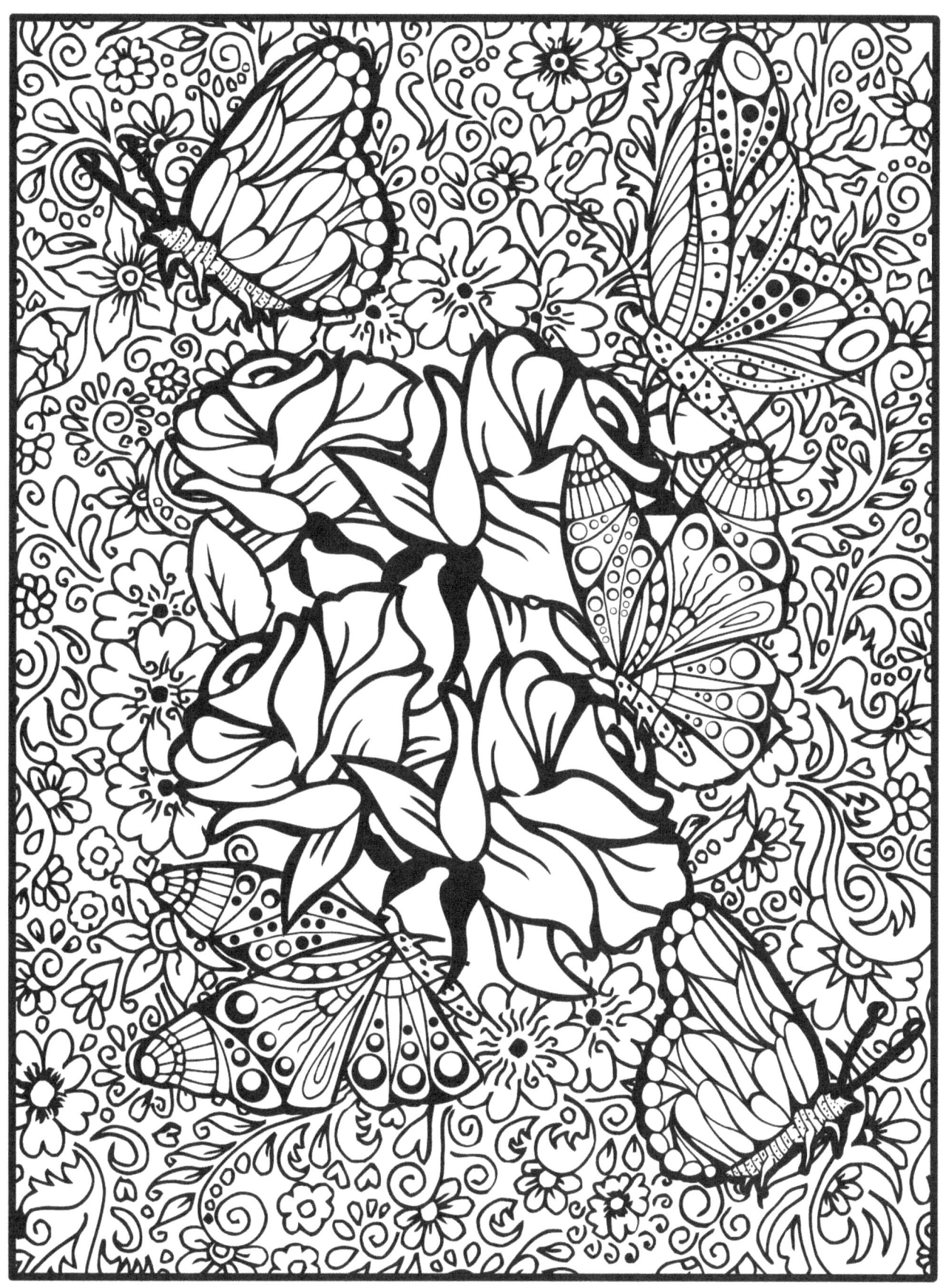

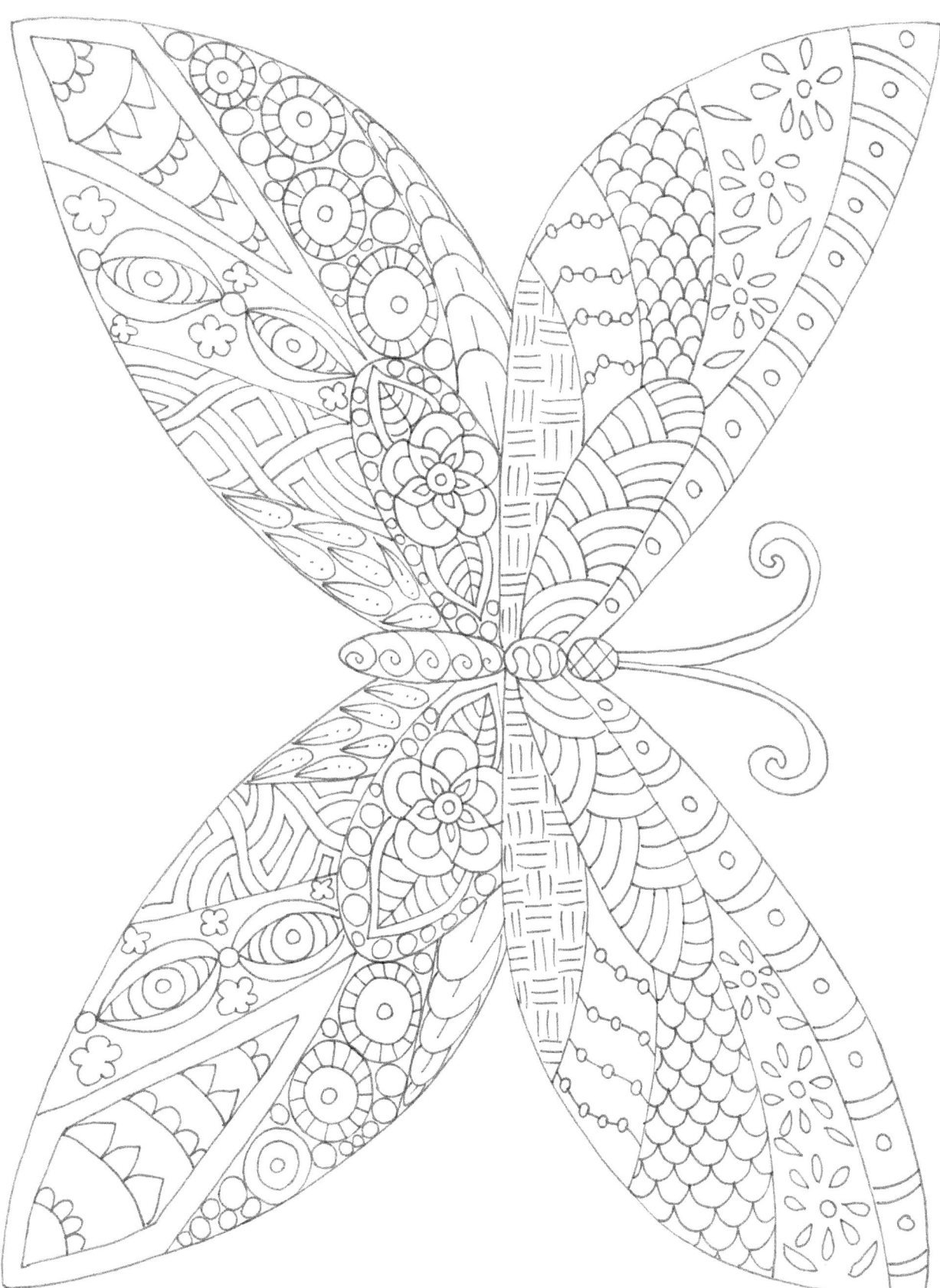

www.ingramcontent.com/pod-product-compliance
Lightning Source LLC
Chambersburg PA
CBHW081153180526
45170CB00006B/2060